Antinatalismus

Warum es immer schlecht ist empfindungsfähige Wesen zu erschaffen

Günther R. Eberhard

Bibliografische Information der Deutschen Nationalbibliothek:
Die Deutsche Nationalbibliothek verzeichnet diese Publikation
in der Deutschen Nationalbibliografie; detaillierte bibliografische
Daten sind im Internet über http://dnb.dnb.de abrufbar.

BoD – Books on Demand, Norderstedt

ISBN: 978-3-7448-1414-0

Ich bin der Geist, der stets verneint!
Und das mit Recht; denn alles, was entsteht,
Ist wert, dass es zugrunde geht;
Drum besser wär´s, dass nichts entstünde.
So ist denn alles, was ihr Sünde,
Zerstörung, kurz das Böse, nennt,
Mein eigentliches Element.

Goethe J. W.[1]

[1] Goethe J. W. (2006): *Faust – Der Tragödie Erster Teil,* Stuttgart: Reclam. *Vers. 1338 ff.*

Was eigentlich gegen das Leiden empört, ist nicht das Leiden an sich, sondern das Sinnlose des Leidens.

F. Nietzsche[2]

---

[2] Nietzsche F. (1984): *Jenseits von Gut und Böse*, Frankfurt a. Main: Insel Verlag. S. 265

Einleitung

Der folgende Text behandelt die philosophische Position des „Antinatalismus". Der Antinatalist lehnt die Erzeugung empfindungsfähigen Lebens ab. Ein möglicher Grund, diese Position zu vertreten, ist die Ansicht, dass es moralisch verwerflich ist, empfindungsfähige Existenzen zu erzeugen, aufgrund der Verbindung von Existenz und Leid.

Ziel der Arbeit ist es, die These, dass jede Erzeugung empfindungsfähiger Existenzen als unmoralisch angesehen werden muss, zu untersuchen und zu verteidigen.

Eine frühere Version dieser Arbeit wurde als Masterarbeit im Studium „Angewandte Ethik" an der Karl-Franzens-Universität Graz eingereicht.

Inhalt

1. Was ist Antinatalismus?

Unter Antinatalismus versteht man die Ansicht, dass die Erzeugung von neuem Leben abzulehnen ist. Vorläufer dieser Ansicht findet man bereits früher in der Geschichte.[3] Ziel ist es, den ewigen Kreislauf des Lebens zu durchbrechen und somit auch die Bedingung für die unzähligen Leiden auszulöschen.

Versucht man mit vernünftigen Argumenten zu zeigen, warum die Erzeugung von empfindungsfähigem Leben unmoralisch ist, so wird man bei der breiten Masse der Menschen auf Unverständnis stoßen. Hier scheint der Punkt erreicht, an dem der Gebrauch des Verstandes, der in der Ethik die Maxime ist und mit dem Intuitionen und Konventionen infrage gestellt werden, in den Hintergrund tritt. Anstatt den Argumenten Aufmerksamkeit zu schenken, die zeigen sollen, dass es unmoralisch ist, empfindungsfähiges Leben zu erzeugen, wird versucht, Antinatalismus als persönliche Einstellung abzutun, die eine bloße Perspektive auf das Leben darstellt, deren Behauptungen psychologische Ursachen haben, und somit die gesamte Ansicht den Beigeschmack des Pathologischen bekommt. Was aber hier passiert, wenn gesagt wird, dass diese Ansicht eine bloß pessimistische Perspektive auf das Leben ist, ist ganz einfach eine Verwechslung zwischen dem Weg zu einer Erkenntnis und der

---

[3] Vgl. Akerma, K. (9.5.2014): *Was ist Antinatalismus?* Abgerufen am 12. Mai 2014 von http://www.tabularasa-jena.de/artikel/artikel_5496/

1. Was ist Antinatalismus?

Erkenntnis selbst. Nun mag es zweifellos psychologische Ursachen geben, sich mit diesem Thema zu beschäftigen, wie es auch psychologische Ursachen gibt, sich mit Medizin, Mathematik oder Pädagogik zu beschäftigen. Jedoch ist die Wahrheit oder Falschheit von Erkenntnissen und Argumenten nicht notwendigerweise von ihrer Genese abhängig. Will man den pythagoreischen Satz auf Richtigkeit oder Falschheit prüfen, so spielt es keine Rolle, welche psychologischen Ursachen Pythagoras dazu trieben, sich mit Mathematik zu beschäftigen und die schließlich zur Formel „$a^2+b^2=c^2$" führten. Die Erkenntnis steht für sich allein und ist auch so zu prüfen. Ebenso verhält es sich mit jener philosophischen Position, die ich hier vertrete.

Natürlich wäre es bar jeglicher Realität zu glauben, dass allein der Hinweis auf gute Gründe, etwas zu tun oder zu unterlassen, auch wenn diese verstanden werden, bereits Grund genug ist, den Willen in die rechte Richtung zu lenken. Der Wille zur Vernunft ist dem Willen zur Bedürfnisbefriedigung meist unterlegen. Wäre es anders, dann würde niemand rauchen, Fleisch essen, unnötige Konsumgüter kaufen usw. Dennoch verhält es sich so, dass wenn man etwas als vernünftig erkannt hat, man nicht umhin kommt, es zu beachten. Zwar muss man nicht danach handeln, jedoch kann man auch nicht leugnen, dass wenn man nicht der Vernunft gemäß handelt, man eben unvernünftig handelt. Und unvernünftig zu handeln kann niemand mit Verstand wirklich wollen.

1. Was ist Antinatalismus?

Karim Akerma vermutet als Grund hinter dem Abbruch der Diskussion um Antinatalismus, dass der eigene Wunsch nach Kindern oder die Rechtfertigung der Existenz eigener Kinder stärker motiviert als die Vernunft. Er spricht hier von einem „egoistic fallacy".[4]

Die Ironie hieran ist, dass die bewusste Entscheidung zur Kinderlosigkeit manchmal als Egoismus bezeichnet wird und hinter dieser Entscheidung die Motivation vermutet wird, das eigene Leben und den eigenen Wohlstand nicht durch die Kosten für Nachwuchs zu belasten. Nun mag dies durchaus manchmal der Fall sein, doch bei der in dieser Arbeit behandelten Frage ist die Grundlage eine Philosophie, deren Motivation es ist, unnötiges Leid zu vermeiden. Es ist in diesem Fall keine egoistische Motivation, die Erzeugung neuen Lebens zu unterlassen. Betrachtet man die Übel der Welt, so muss gefragt werden, wie die Erzeugung neuen Lebens unter moralischen Gesichtspunkten gerechtfertigt werden kann. Der Verzicht, einen Menschen zu erzeugen, kann diesem nichtexistenten Menschen kein Leid zufügen, denn wird niemand erzeugt, so ist auch niemand vorhanden, der Leid empfinden könnte. Der Egoismus scheint sich eher bei jenen zu finden, die wünschen, sich fortzupflanzen. Wie Christine Overall in „Why have

---

[4] Vgl. Akerma, K. (2000): *Verebben der Menschheit? Neganthropie und Anthropodizee*, Freiburg (Breisgau) / München: Alber. S. 62

3

1. Was ist Antinatalismus?

Children?" (2012) schreibt, ist es ironisch, dass in unserer Kultur von Menschen, die sich entscheiden, keine Kinder zu haben, ein Grund verlangt wird, warum sie sich so entscheiden, während man keine Gründe anführen muss, die eine Zeugung rechtfertigen, sondern dieses Handeln als selbstverständlich angesehen wird.[5] Es scheint, dass es nicht die zukünftige Person ist, die im Fokus dieser Handlungsentscheidung steht. Vielmehr scheint bloß die eigene Bedürfnisbefriedigung im Vordergrund zu stehen. Kaum ein Mensch wird sagen: „Ich zeuge um des zukünftigen Kindes willen." Allein diese Aussage würde implizieren, dass dieser Mensch sich tatsächlich Gedanken über die Interessen der zukünftigen Person gemacht hat. Es wäre ein Schritt in die richtige Richtung, wenn Menschen sich über die Interessen ihrer potenziellen Kinder Gedanken machen würden und auf dieser Basis versuchen, gute Gründe für die Zeugung zu finden. Wäre dies aber tatsächlich der Fall, würde die Diskussion über die mögliche moralische Falschheit von Kreation kein Thema sein, mit dem man die Mehrheit der Menschen erschüttern kann. Weiters gäbe es wohl nicht über sieben Milliarden Menschen auf der Welt, trotz der offensichtlichen Übel in derselben. Der Grund der Zeugung wird meist auf das einfache „Ich will" zurückzuführen sein.

Während in der Debatte um Embryonenforschung die

---

[5] Vgl. Overall, C. (2012): *Why Have Children?* Cambridge: MIT Press. S. 2

1. Was ist Antinatalismus?

Rechte und Würde der Embryonen im Fokus stehen und die Furcht, dass das Leben instrumentalisiert wird, wird übersehen, dass allein die Zeugung neuer Menschen nichts anderes ist als die Instrumentalisierung von Menschen. Ein nichtseiendes Wesen kann nicht den Wunsch hegen zu sein. Nur der Wunsch der Eltern ist es, der hier befriedigt wird. Fortpflanzung wird oft verteidigt als Inanspruchnahme des Rechts auf Autonomie. Die Berufung auf das Recht der Selbstbestimmung scheint hier doch sehr bizarr, wo doch über das Leben eines anderen bestimmt wird. Die Entscheidung, jemanden zu zeugen, wird oft ohne jede Rücksicht auf die möglichen zukünftigen Interessen der noch nicht erzeugten Person getroffen. Natürlich gibt es keine Autonomie oder Interessen, die verletzt werden können, solange es kein Wesen gibt, das diese Interessen hat. Aber die zukünftige Person wird Interessen haben. Hier sollte das Vorsichtsargument zum Tragen kommen. Müsste nicht immer vom Schlimmsten ausgegangen werden und in Bezug darauf gefragt werden, ob die noch nicht seiende Person in Zukunft tatsächlich existieren wollen kann?

Im besten Fall wird die zukünftige Person ein Leben führen, dass als gut empfunden wird, eingebettet in eine Welt von Konventionen, so wie es die meisten Menschen tun.

1. Was ist Antinatalismus?

Friedrich Nietzsche schreibt in „Vom Nutzen und Nachtheil der Historie für das Leben" (2009):

> Betrachte die Heerde, die an dir vorüberweidet: sie weiss nicht was Gestern, was Heute ist, springt umher, frisst, ruht, verdaut, springt wieder, und so vom Morgen bis zur Nacht und von Tage zu Tage, kurz angebunden mit ihrer Lust und Unlust, nämlich an den Pflock des Augenblickes und deshalb weder schwermüthig noch überdrüssig.[6]

Nietzsche meint, die Menschen würden mit Neid auf dieses arglose Leben des Tieres blicken. Tatsächlich unterscheidet sich das gewöhnliche Menschenleben meines Erachtens nicht besonders von dem Leben des Tieres, wie es im obigen Zitat dargestellt wird. Verhält es sich doch bei den Menschen nicht anders, als dass sie meist so handeln, wie es die Konvention fordert, ohne jemals den eigenen Verstand bedienen zu müssen.

Doch was, wenn der zukünftige Mensch kein Schaf in der Herde wird? Die Möglichkeit besteht, dass er aus diesem geistigen Dornröschenschlaf erwacht und erkennt, dass alles Leben immer auch mit Leid verbunden ist. Allein das Bestehen dieser Möglichkeit wäre Grund genug, jede Erzeugung von Leben zu unterlassen. Selbst die geringste Wahrscheinlichkeit, einen

---

[6] Nietzsche, F. (2009): *Vom Nutzen und Nachtheil der Historie für das Leben,* Stuttgart: Reclam. S. 8

Menschen zu zeugen, dessen Leben nicht lebenswert wäre, ist zu groß. Mögen die meisten Menschen ein lebenswertes Leben führen, so rechtfertigt das Glück dieser vielen nicht das Leid Einzelner, welche die Bürde eines nicht lebenswerten Lebens tragen müssen.

2. Zur Moral

Mögen die einzelnen Normen, die aus verschiedenen Moralen folgen, zwar höchst unterschiedlich sein, so kann meines Erachtens doch ein gemeinsamer Sinn von Moral festgestellt werden. Zuerst muss eine Begriffsanalyse vorgenommen werden, um zu erkennen, was überhaupt „moralisch" genannt werden kann. Ein moralisches Gebot ist eine Handlungsanleitung. Die Bedeutung eines moralischen Gebots erschöpft sich aber nicht in dieser Definition. Eine Handlungsanleitung ist auch, dass man lernen sollte, um die Prüfung zu bestehen. Jedoch würde wohl niemand behaupten, dass dieses Gebot von moralischer Relevanz ist. Hier muss also noch etwas hinzukommen. Dieses Hinzukommende ist die Ausrichtung der Handlung auf die Interessen anderer Subjekte, die von der Handlung betroffen sind beziehungsweise sein werden.

Was ist aber die Motivation, andere Interessen zu berücksichtigen? Natürlich liegt dieser Motivation einerseits der Instinkt zugrunde. Es ist evolutionstechnisch gesehen eine bewährte Überlebensstrategie, andere Wesen, die für das eigene Überleben wichtig sein können, zu berücksichtigen, so dass dieser soziale Trieb beim Menschen als eingeborene Eigenschaft angesehen werden kann.

Die Berücksichtigung der Interessen anderer aufgrund dessen, dass sie für die eigenen Belange von Vorteil sein könnten, wird reziproker Altruismus genannt. Anders gesagt: Würde die „Goldene Regel" „Was du nicht willst, das man dir tu´, das füg´ auch keinem andern zu" in dieser zweckrationalen Konzeption verstanden werden, bedeutet das, dass ich anderen nichts antue, was mir nicht gefallen würde, allein weil ich befürchte, dass mir derjenige, dem ich etwas antue, es mir auf dieselbe Weise vergelten könnte. Ob diese Konzeption überhaupt als echte Moral bezeichnet werden kann oder als Pseudo-Moral bezeichnet werden sollte, darf der Leser selbst entscheiden. Denn mag auch das Ergebnis dieser Handlungsanleitung für alle Betroffenen positiv sein – also in konsequenzialistischer Sicht durchaus moralisch –, so ist doch die Intention rein egoistisch. Diese zweckrationalistische Motivation mag aber ein Teil der Genese des moralischen Instinkts in den Menschen darstellen, jedoch beschreibt sie keinesfalls erschöpfend alle Moral. Denn würden die Menschen allein nach diesem zweckrationalen Prinzip vorgehen, so würden die Interessen all derer, die sich nicht zu wehren vermögen, wenn ihre Interessen verletzt würden, keine Beachtung finden. So würden zum Beispiel Tierrechte gar nicht zur Debatte stehen. Die gequälten Hühner in den Käfigen werden sich an den Menschen kaum rächen können, und somit wäre die Rücksichtnahmen auf ihre Interessen auf rein zweckrationaler Basis nicht nötig.

Tatsächlich gehen aber unsere moralischen Erwägungen über die rein egoistische Motivation hinaus. Menschen sind keine reinen Zweckrationalisten, sondern sie verfügen über Empathie. Man fühlt sich in das andere Wesen hinein. Die Empathie trifft aber nicht nur Menschen, auch wenn der evolutionäre Sinn dieser Fähigkeit in der Sicherung der menschlichen Existenz liegt. Auch mit nichtmenschlichen Wesen empfinden wir Mitleid. Die Veranlagung zur Empathie ist sogar so stark, dass sie auch nicht empfindungsfähige Dinge treffen kann. Man denke an die Menschen, die sich den verkrüppelten Weihnachtsbaum kaufen, den niemand haben will, weil sie ein Gefühl des Mitleids empfinden. Aus dem eigenen Wissen, was es bedeutet, Leid zu erfahren, erwächst der Wunsch, möglichst niemandem ein Leid zuzufügen. Der Grund, niemandem zu schaden, basiert meines Erachtens nicht auf einer reinen Vernunftentscheidung, sondern auf Mitgefühl. Man fühlt den Schmerz des anderen mit. Dies ist auch der Grund, warum unsere moralischen Gebote über die Grenzen unserer eigenen Spezies hinausgehen können. Die Vermeidung von Leid wird also aufgrund unseres eigenen Wissens darüber zu einem leitenden Grundsatz – zu einem Wert.

Dieser Wert fließt wiederum in die Handlungsentscheidungen ein. Diese Entscheidungen sollten aber nicht aufgrund irgendwelcher Gefühle getroffen werden, denn auch die rationale Begründung einer Handlung stellt einen Wert dar, der verfolgt wird. Der Verstand sagt uns, dass es gut ist, gute Gründe für eine Handlung zu haben, anstatt willkürlich zu handeln. Außerdem sind Gefühle wechselhaft. Darum wird versucht, auch mit Hilfe des Verstandes und der Vernunft Handlungsanleitungen im Hinblick auf die Erreichung der Werte zu begründen.

Allerdings reicht der Wert allein nicht aus, um moralische Entscheidungen zu treffen. Dieser Wert ist das Ziel, das wir treffen wollen. Wird man vor die Entscheidung gestellt, ein Leben für das von vielen zu opfern, so wird zum Beispiel der Wert der Leidminimierung alle gleichermaßen treffen. Hier ist ein Werkzeug vonnöten, das uns hilft, eine gute Entscheidung zu treffen. Und wir finden dieses Werkzeug in der Vernunft.

2.1 Zur Vernunft

Die Vernunft, verstanden als Werkzeug der klugen Wahl, hat keine Begründungsfunktion. Mit Begründungsfunktion ist hier gemeint, dass die Vernunft uns nicht sagen kann, dass etwas gut ist. Die Vernunft kann uns aber sagen, dass etwas gut ist im Hinblick auf ein bestimmtes Ziel, welches wir verfolgen. Die Vernunft hat also eine Auswahlfunktion. Anders gesagt: Die Vernunft ist wie ein Navigationsgerät. Ein Navigationsgerät kann uns nicht sagen, wohin wir wollen. Sehr wohl aber hilft es uns, den richtigen Weg dahin zu finden.

Ein weiteres Indiz dafür, dass die Vernunft nur die Funktion hat, die zielführendste Handlungsalternative festzustellen, ist, dass zwei widersprüchliche Handlungen in verschiedenen Kontexten vernünftig sein können und vice versa kann ein und dieselbe

2. Zur Moral

Handlung in verschiedenen Kontexten vernünftig und unvernünftig sein. Beispielsweise kann es vernünftig sein, in Atomforschung zu investieren, wenn das Ziel ist, möglichst viele Menschen mit billiger Energie zu versorgen. Es kann jedoch auch vernünftig sein, in Atomforschung zu investieren, um eine Bombe zu bauen, um möglichst viele Menschen zu töten. Die Handlungsanleitung „Investiere in Atomforschung" ist also in beiden Fällen vernünftig. Das Beispiel zeigt auch, dass obwohl die Handlung in beiden Fällen vernünftig ist, diese Vernünftigkeit der Handlung noch nichts über die moralische Qualität der Handlung beziehungsweise des Handlungszweckes aussagt.

Eine Handlung verfolgt mit bestimmten Mitteln einen bestimmten Zweck. Tangieren der Zweck oder die Mittel der Handlung einen bestimmten Wert wie zum Beispiel Autonomie, so ist die Handlung von moralischer Relevanz. Zum Beispiel könnte es das Ziel eines Arztes sein, ein Experiment durchzuführen, um einen Erkenntnisgewinn zu erlangen. Für dieses Experiment benötigt er Probanden. Hier könnte das Ziel des Arztes den Wert der Autonomie verletzen, wenn er zum Beispiel nicht das Einverständnis der Probanden für das Experiment an ihnen einholt. Will der Arzt moralisch handeln, gilt es nun, jene Handlung zu wählen, die auch diesen Wert trifft beziehungsweise ihn nicht verletzt bei gleichzeitiger Erreichung des unmittelbaren Handlungszieles, dem Experiment.

2. Zur Moral

Halten wir also fest, dass ein moralisches Gebot eine Handlungsanleitung ist, die auf die Erhaltung eines bestimmten Wertes abzielt und im Hinblick auf die Erreichung dieses Wertes durch die Vernunft geprüft und für zielführend befunden wurde. Eine moralische Handlungsanleitung ist also notwendigerweise verbunden mit dem Gebrauch der Vernunft. Ist die Handlungsanleitung nicht verbunden mit der Vernunft, wäre sie also nur aus einer Neigung oder Intuition heraus entstanden, so wäre das Treffen des Wertes bloßer Zufall. Insofern eine Handlungsanleitung aber den Zweck verfolgt, ein Ziel zu treffen, kann sie nur den Gebrauch von Vernunft beinhalten.

Nun mag man dieser Analyse, dass Vernunft nur ein Werkzeug ist, entgegenhalten, dass man sehr wohl den Eindruck hat, dass auch ein Wert mit Vernunft begründet werden kann. So sagt man doch für gewöhnlich, dass der Wert des selbstbestimmten Lebens vernünftig ist. Aber hier liegt eine verkürzte Darstellung vor. Denn ist die Rede von etwas, das vernünftig ist, so muss man als nächstes die Frage stellen, warum es denn vernünftig sei. Ist es tatsächlich vernünftig, dem Wert des selbstbestimmten Lebens zu folgen, dann muss hier noch etwas darüber liegen, das die Verfolgung dieses Wertes als vernünftig ausweist. Dieses kann wiederum vernünftig sein, aber wiederum muss die Frage gestellt werden, in Bezug auf was dieses Darüberliegende vernünftig ist. Oder aber das Streben nach diesem Darüberliegenden ist selbst nicht weiter mit der Vernunft zu erklären. Das heißt, es stellt ein Endziel dar, das jeder weiteren rationalen Rechtfertigung, warum es verfolgt wird, entbehrt und um seiner selbst willen angestrebt wird, also ein sogenannter „intrinsischer Wert" ist. Wäre die Vernunft mehr als ein Werkzeug, welches uns hilft, die richtige Wahl in Bezug auf ein bestimmtes Ziel zu treffen, das heißt, würde die Vernunft uns nicht nur sagen können, was gut ist, um dieses oder jenes Ziel zu erreichen, sondern könnte sie uns auch sagen, welches Ziel an sich gut ist, könnte man allein mit der Vernunft einen Endwert finden. So müsste es dann ein Endziel geben, das alle Existenzen, die vernünftig sind, allein mit Hilfe des Vernunftgebrauchs erkennen müssten. Es mag tatsächlich so sein, dass alle Moralen einen letzten Wert anstreben, zum Beispiel Glück oder Freiheit von Leiden, aber nicht die Vernunft begründet die Güte dieses letzten Wertes. Das Urteil, dass ein Wert ein Endziel darstellt – das heißt nur um seiner selbst willen verfolgt wird –, kommt nicht aus der Vernunft. Man findet keinen Grund, warum es gut ist – es ist einfach aus sich heraus gut. Es wird als gut empfunden. Eine Moral beziehungsweise moralische Werte sind nur relevant, wenn Empfindungsfähigkeit vorliegt. Ein Stein braucht keine Moral. Somit muss das Endziel der Moral mit der Fähigkeit zu empfinden verbunden sein, nicht mit der Fähigkeit zur Vernunft. Ein Computerprogramm kann ebenfalls Entscheidungen fällen, die ein Ziel möglichst effizient erreichen. Man darf also durchaus sagen, dass diese Entscheidungen

2. Zur Moral

vernünftig sind. Ein Computerprogramm kann uns aber nicht sagen, was gut um seiner selbst willen ist. Das können wir nur selbst auf Basis unserer ureigenen Empfindungen. Wir können aber durchaus ein Ziel benennen, nachdem alles empfindungsfähige Leben strebt – nach einem guten Leben.

3. Ist alles Leben notwendigerweise leidvoll?

Leben ist immer das Streben nach etwas. Dieses Streben ist nicht notwendigerweise intentional, also nicht bewusst auf ein Ziel hin ausgerichtet. Man wird schwerlich von Intentionalität sprechen können, wenn man beobachtet, dass Zellen aufgrund von chemischen Vorgängen Stoffe aufnehmen und wieder abgeben. Mag das Leben auch als selbstständige Organisation von chemischen Prozessen begonnen haben, so haben sich auch Lebewesen entwickelt, die bestimmte mentale Fähigkeiten besitzen und das Streben bewusst erfahren. Wird das Streben eines primitiven Organismus nach Nahrung o. Ä. nicht erfüllt, so wird er aufhören zu funktionieren. Ist keine Empfindungsfähigkeit vorhanden, so wird diese Nichterfüllung des Strebens keine weiteren Konsequenzen nach sich ziehen. Nun müssen wir uns nicht weiter von Einzellern zum Menschen hocharbeiten, wir können gleich beim Menschen weitermachen.

Wird das Streben eines Menschen beziehungsweise eines hinreichend empfindungsfähigen Wesens nicht erfüllt, so entsteht Leid. Leid sei definiert als Zustand, der vermieden werden will. So ist Leid also das, was nicht angestrebt wird, wobei die Qualität des Leides natürlich ein breites Spektrum ergibt. Ist es mein Bestreben, im Regen nicht nass zu werden und werde ich doch nass, so wurde mein Streben nicht erfüllt und es entsteht dadurch Leid. Dieses Leid wird mich aber nicht besonders belasten und ich werde es kaum wahrnehmen. Ist es mein Bestreben, meinen Hunger zu stillen und wird dieses Bestreben nicht erfüllt, so wird das Verhungern wohl ein klar wahrnehmbares Leid sein.

Wird das Streben erfüllt, so kann man dies Befriedigung nennen. Fällt man aus dem Zustand der Befriedigung wieder heraus, wird man wieder in den Zustand des Strebens versetzt. Der Zustand des Strebens auf ein Ziel hin ist nicht der gewünschte Zustand. Das Ziel ist der Zustand der Befriedigung. Wenn das Streben also nicht selbst das Ziel ist, so könnte der Zustand des Strebens bereits als Leid bezeichnet werden. Zumindest wird aber das Streben durch einen Mangel ausgelöst, der als Leid bezeichnet werden kann, denn ein Mangel ist nichts, das wir wollen.

Wenn nun alles Leben notwendigerweise das Streben nach etwas ist, wobei das Streben durch einen Mangel verursacht ist, so ist alles empfindungsfähige Leben notwendigerweise leidvoll.

Hat man das Bedürfnis endlich befriedigt, dann befindet man sich wieder in jenem Zustand, in dem man sich befunden hat, bevor das Bedürfnis aufgetreten ist.

3. Ist alles Leben notwendigerweise leidvoll?

Dazu schreibt Arthur Schopenhauer in „Die Welt als Wille und Vorstellung" (2009):

> Alle Befriedigung, oder was man gemeinhin Glück nennt, ist eigentlich und wesentlich immer nur negativ und durchaus nie positiv. [...] Denn Wunsch, d. h. Mangel, ist die vorhergehende Bedingung jedes Genusses. Mit der Befriedigung hört aber der Wunsch und folglich der Genuß auf. Daher kann die Befriedigung oder Beglückung nie mehr seyn, als die Befreiung von einem Schmerz, [...]. Wann aber endlich Alles überwunden und erlangt ist, so kann doch nie etwas Anderes gewonnen seyn, als daß man von irgend einem Leiden, oder einem Wunsche, befreit ist, folglich nur sich so befindet, wie vor dessen Eintritt.[7]

Was zurückbleiben kann, ist ein Gefühl der Euphorie, das durch die Befriedigung des Bedürfnisses hervorgerufen worden ist. Die Befriedigung selbst ist aber das Ende des Strebens.

Wenn aber nun gar nicht mehr gestrebt würde, also jeglicher Mangel aufgehoben wäre, würde das Leben enden. Folglich würde, könnte alles Streben beendet werden, mit diesem Ende die Existenz enden. Im Buddhismus wird dieser Zustand der Bedürfnislosigkeit „Nirwana" genannt. Es ist jedoch stark zu bezweifeln, dass so ein Zustand tatsächlich erreicht oder besser gesagt „erlebt" werden kann. Ist nicht das Streben nach Auflösung des Strebens im bereits bestehenden Leben absurd, da es ja selbst

---

[7] Schopenhauer, A. (2009): Die Welt als Wille und Vorstellung, Köln: Anaconda. § 58, S. 285

3. Ist alles Leben notwendigerweise leidvoll?

ein Streben ist?

Im gewöhnlichen Alltag wird nach der Befriedigung eines Strebens ein neues Streben in den Vordergrund treten. Der Kreislauf des Bedürfnisses, des daraus resultierendes Strebens und der Befriedigung oder Frustration kann nicht zum Stillstand gebracht werden. Er kann positive Folgen haben wie das Gefühl der Euphorie, wenn ein starkes Bedürfnis befriedigt wird. Aber er kann auch negative Auswirkungen haben, da die Bedürfnisse niemals gänzlich oder dauerhaft erfüllt werden können und somit das Leiden bleibt oder gar stärker wird.

Das erste Argument, das zeigen könnte, warum es immer schlecht ist, empfindungsfähiges Leben zu erschaffen, lässt sich wie folgt darstellen:

(1) Alles Leben ist das Streben nach etwas.

(2) Alles Streben wird durch einen Mangel verursacht.

(3) Jeder Zustand, von dem sich das Lebewesen wünschen würde, dass er nicht wäre, kann als Leid bezeichnet werden.

(4) Ein Mangel ist ein Zustand, der vermieden werden will.

Konklusion: Alles Leben ist notwendigerweise leidvoll.

3. Ist alles Leben notwendigerweise leidvoll?

Der Schluss, die Erzeugung von neuem Leben zu unterlassen, folgt aus obiger Konklusion und dem Prinzip der Leidminimierung beziehungsweise Leidvermeidung:

(1) Alles Leben ist notwendigerweise leidvoll.

(2) Leid zu vermeiden, ist moralisch geboten.

Konklusion: Es ist moralisch geboten, Leben zu vermeiden.

Das Argument ist jedoch nicht stichhaltig. Es ist jedem von uns aus der alltäglichen Erfahrung bekannt, dass wir zwar viele Mängel feststellen können, doch nicht jeden Mangel würden wir als Leid bezeichnen. Freilich ist jeder Mangel etwas, das man vermeiden will. Doch nicht alles, was wir vermeiden wollen, qualifizieren wir als leidvoll. Manche Dinge bereiten uns vielleicht Unbehagen oder sind lästig, aber als Leid gelten eher Sachverhalte, die uns in erheblichem Maße zusetzen.

Jedes Individuum kann nur selbst beurteilen, welcher Sachverhalt ein Leid darstellt. Zwar mag es richtig sein, dass ein Beobachter einen Mangel erkennt und diesen als negativ wertet, da dieser Beobachter ihn vermeiden wollte, jedoch kann es kein Leid geben, wo kein Leid empfunden wird. Die Empfindung des Leides ist immanent, damit etwas als Leid bezeichnet werden kann. Aus der Perspektive der dritten Person lässt sich niemals beurteilen, wie sich etwas anfühlt. Zweifellos gibt es Menschen, die ihr Leben, wenn man sie fragen würde, nicht als mit Leid

3. Ist alles Leben notwendigerweise leidvoll?

verbunden ansehen, auch wenn sie so manche Unbill erlebt haben. Somit kann auch nicht geurteilt werden, dass alles Leben notwendigerweise leidvoll ist.

Nun könnte man erwidern, dass man aus der Erfahrung schließen kann, dass im Laufe des Lebens eines jeden Menschen irgendwann ein Umstand eintreten wird, der als Leid empfunden wird.

Es mag zwar die Erfahrung für diesen Schluss sprechen, doch Ziel ist es zu untersuchen, ob alles empfindungsfähige Leben notwendigerweise mit Leid verbunden ist, um so zu zeigen, dass alles Leben verhindert werden sollte.

Wenn auch realiter niemals ein Leben völlig leidensfrei sein wird, so ist es doch vorstellbar, dass ein empfindungsfähiges Leben entsteht, das kein Leid wahrnimmt und niemals wahrnehmen wird, da es beispielsweise, bevor diese Wahrnehmung auftreten kann, bereits endet. Allein die Vorstellbarkeit eines Szenarios, in dem das empfindungsfähige Leben nicht mit der Empfindung von Leid verbunden ist, zeigt, dass es keine logische Notwendigkeit gibt, dass empfindungsfähiges Leben leidvoll ist. Somit kann auch die Behauptung, dass alles Leben verhindert werden muss, da es notwendigerweise leidvoll ist, nicht aufrechterhalten werden.

Und auch der Schluss, dass es immer unmoralisch ist, Leben zu erzeugen, da es immer leidvoll ist, erweist sich daher als falsch.

3. Ist alles Leben notwendigerweise leidvoll?

Sehen wir uns also ein weiteres Argument an, welches besagt, dass es besser ist, nicht zu sein. Da es besser wäre, nicht zu sein, wurde jedes Wesen mit seiner Erzeugung schlechtergestellt. Jede Erzeugung von Leben wäre also eine Schädigung.

4. Ist es immer besser, nicht zu sein?

4.1. Schädigung

Ausgehend vom allgemeinen Sprachgebrauch versteht man unter dem Begriff „Schädigung" die Verminderung der Lebensqualität eines empfindungsfähigen Wesens. Um bei einem Beispiel Derek Parfits Anleihe zu nehmen: Angenommen, ich werfe eine Glasscherbe achtlos in die Wiese, anstatt sie zu entsorgen. Zu einem späteren Zeitpunkt tritt jemand in die Scherbe und verletzt sich. Zweifellos war es meine Handlung, die ursächlich für die Schädigung von jemandem ist.[8] Wir können hier einige Bedingungen ausmachen, die einer Schädigung zugrunde liegen. In diesem Beispiel ist es eine Handlung, die unternommen wird und zur Schädigung führt. D. h. ich werfe die Glasscherbe weg.

Eine essentielle Bedingung für eine Schädigung ist die Schlechterstellung eines Individuums. Eine Schlechterstellung kann auch durch Ereignisse ausgelöst werden wie Krankheit oder Naturkatastrophen, also Ereignisse, die nicht notwendigerweise mit einem moralisch verantwortlichen Akteur in Verbindung gebracht werden können, die man aber dennoch als Schaden bezeichnen wird. Diese Art von Schädigung werde ich aber im Weiteren vernachlässigen, da es hier nur um die Schädigung

---

[8] Vgl. Parfit, D. (1992): Reasons and Persons, Oxford: Clarendon Press. S. 356

4. Ist es immer besser, nicht zu sein?

durch Personen geht.

Man kann also festhalten, dass eine moralisch relevante Schädigung verstanden werden kann als Schlechterstellung eines Wesens x zum Zeitpunkt t_1, welche verursacht worden ist durch eine Handlung oder Unterlassung einer Person y zu einem Zeitpunkt t_0.

4.2. Konzepte der Schädigung

Man findet in der Literatur hauptsächlich zwei verschiedene Konzepte von Schädigung. Beide sind komparative Konzepte.[9] Das heißt, es werden zwei Zustände der Lebensqualität verglichen.

Die erste Möglichkeit ist, dass man die Lebensqualität (Q) zum Zeitpunkt (t) der Handlung mit der Lebensqualität nach der Handlung vergleicht, welche die Person vermeintlich schlechter stellt. So wird die Lebensqualität zum Zeitpunkt t_0, also vor der vermeintlich schädigenden Handlung, mit Q_1 zum Zeitpunkt t_1 verglichen. Ist Q_1 geringer als Q_0, so hat eine Schlechterstellung – sprich eine Schädigung – stattgefunden. Dies kann als historisches Konzept von Schädigung verstanden werden – historisch aus dem Grund, da hier ein linearer Zeitablauf enthalten ist.

Will man behaupten, dass die Erzeugung von Leben eine Schädigung ist, wird man mit dem historischen Konzept des

---

[9] Vgl. Shiffrin, S. V. (1999): Wrongfull Life, Procreative Responsibility, and the Significance of Harm. *Legal Theory* (5). S. 121

24

Begriffes Schädigung nicht weit kommen. Es ist nicht möglich, dass jemand durch seine Zeugung schlechtergestellt wird. Denn erst die Zeugung stellt den Eintritt in die Existenz dar und ermöglicht dadurch erst das Bestehen eines für den Begriff der Schädigung notwendigen Status der Lebensqualität eines Individuums.

Während man in diesem historischen Konzept die Lebensqualität zu zwei verschiedenen Zeitpunkten vergleicht, wird im kontrafaktischen Modell von Schädigung die Lebensqualität zum selben Zeitpunkt betrachtet, allerdings in verschiedenen Welten. Das heißt, das Subjekt x wird geschädigt, wenn Akteur y zum Zeitpunkt t_0 eine Handlung setzt, die dazu führt, dass x zu einem Zeitpunkt t_1 schlechtergestellt ist, als er es wäre, wenn y diese Handlung nicht unternommen hätte. Hier werden zwei mögliche Welten oder, wenn man so will, zwei mögliche Zeitlinien miteinander verglichen.

Auch dieses Konzept taugt nicht, um die Ansicht zu verteidigen, dass es eine Schädigung ist, geboren worden zu sein. Wie auch beim historischen Konzept fehlt hier der Status, der notwendig ist, um festzustellen, dass die Person geschädigt, also schlechtergestellt worden ist, als sie es hätte sein können.

Dieses kontrafaktische Konzept führt weiters zu Schlüssen, die dem allgemeinen Verständnis von Schädigung widersprüchlich gegenüberstehen. Zum Beispiel könnte jemand meinen, dass er geschädigt worden ist, weil seine Eltern bei der Zeugung zu jung gewesen sind und ihm damit einen schlechteren Start ins Leben gewährt haben.

4.3. Das Non-Identity-Problem

Derek Parfit erläutert in „Reasons and Persons" (1984) anhand eines Beispiels ein Problem, das „Non-Identity-Problem" genannt wird. Die Ausgangslage stellt sich folgendermaßen dar: Ein vierzehnjähriges Mädchen entscheidet sich, ein Kind auszutragen. Durch das Alter des Mädchens wird das Kind einen schlechten Start ins Leben haben. Würde sie einige Jahre warten, hätte ihr Kind einen besseren Start ins Leben.[10]

Das Problem zeigt sich, wenn man behauptet, dass es für dieses Kind schlechter sein wird, jetzt gezeugt zu werden, als wenn es im Vergleich dazu später gezeugt würde, wenn seine Mutter in einer besseren Lebenssituation ist, in welcher sie diesem Kind einen guten Start ins Leben ermöglichen kann. Tatsächlich kann es aber für *dieses* Kind nicht schlechter sein, jetzt gezeugt zu werden als zu einem späteren Zeitpunkt. Der Grund ist, dass *dieses* Kind eben nur jetzt gezeugt werden kann. Würde die Zeugung zu einem späteren Zeitpunkt stattfinden, wäre es nicht mehr *dieses* Kind, sondern ein Kind mit einer anderen Identität. Aufgrund der unterschiedlichen Identitäten der Kinder kann man

---

[10] Vgl. Parfit, D. (1992). S. 358

nicht argumentieren, dass *dieses* Kind besser dran wäre, würde es später gezeugt. Die Identität *dieses* Kindes ist verbunden mit dem Zeitpunkt, zu dem es gezeugt worden ist. Durchaus kann man aber die Lebensqualitäten zweier zu unterschiedlichen Zeitpunkten empfangenen Kinder vergleichen. Man wird sagen dürfen, dass die Entscheidung des Mädchens schlecht gewesen ist, jedoch kann man nicht sagen, dass die Entscheidung des Mädchens *schlechter* für *dieses* Kind gewesen ist.

Jemand könnte einwenden, dass die Identität keine Rolle spielt in Bezug auf die Qualität des Lebens, die in unserer moralischen Fragestellung im Fokus steht. Das Kind der Vierzehnjährigen wird ein schwereres Leben haben als das Kind, das später geboren würde. Somit wäre es besser, würde das Mädchen erst zu einem späteren Zeitpunkt ein Kind bekommen. Es wäre zwar nicht besser für das Kind, denn dieses Kind wird ja eben aufgrund der unterlassenen Zeugung gar nicht existieren. Doch wäre es besser in Bezug auf das Ziel, jedem Menschen ein möglichst glückliches Leben zu gewähren.

Die Identität einer Person spielt in Bezug auf die Bestimmung einer dieser Person widerfahrenen Schädigung eine essentielle Rolle. Wir haben bei der Bestimmung von Schädigung zwei Konzepte, welche die Lebensqualität *desselben* Individuums vergleichen. Für das Bestehen einer Schädigung ist es von essentieller Wichtigkeit, dass ein bestimmtes Individuum schlechter dran ist, als es vor der vermeintlich schädigenden Handlung gewesen oder schlechter dran ist, als es hätte sein können. Welches Konzept von Schädigung angewandt wird, ob nun das historische, bei dem die Lebensqualitäten zu verschiedenen Zeitpunkten verglichen werden, oder das kontrafaktische, bei dem die Lebensqualitäten zum selben Zeitpunkt in verschiedenen Welten verglichen werden, so wird in beiden die Identität der Person angenommen. Wenn es aber keine Identität der Personen gibt, dann kann auch niemand geschädigt werden.

Man kann also nicht logisch gültig behaupten, dass zum Beispiel das Kind der 14-jährigen Mutter besser dran wäre, wenn es später geboren worden wäre. Es kann aber durchaus behauptet werden, dass die Lebensqualität des später geborenen Kindes besser wäre. Dass das Kind aber geschädigt worden ist, lässt sich in keinem Fall behaupten.

4.4. Fazit

Das in diesem Kapitel zu untersuchende Argument lässt sich folgendermaßen rekonstruieren:

> (1) Jedes Leben ist realiter mit mehr oder weniger Leiden verbunden.
>
> (2) Nicht zu leiden, ist besser als zu leiden.

> Konklusion: Jemand ist schlechter dran, wenn er existiert.

Wie ich in diesem Kapitel gezeigt habe, ist es für den Begriff der Schädigung essentiell, dass es zwei Status gibt, die miteinander verglichen werden können, um überhaupt von einer Schädigung sprechen zu können. Im Falle der Nichtexistenz ist kein Status vorhanden. Es ginge der Person nicht besser, würde sie nicht existieren. Somit kann diese Person durch ihre Zeugung auch nicht schlechtergestellt worden sein.

Jemand könnte einwenden, dass er besser dran wäre, wenn er zu einem anderen Zeitpunkt gezeugt worden wäre und deshalb seine Zeugung eine Schädigung gewesen ist. Das Non-Identity-Problem zeigt, dass auch diese Behauptung nicht aufrechterhalten werden kann. Hätte die Zeugung zu einem anderen Zeitpunkt stattgefunden, wäre es nicht dieselbe Person, die gezeugt worden wäre.

4.4. Fazit

Ich muss also von der Behauptung, dass bereits die Erzeugung eines Wesens eine Schädigung ist, Abstand nehmen. Die Diskussion hat aber auch gezeigt, dass es keine Wohltat sein kann, jemanden zu erzeugen. Schädigung und Wohltat verhalten sich aufgrund des komparativen Kriteriums im Falle von möglichen Personen symmetrisch. Wäre die Erzeugung von Menschen eine Wohltat, stünde die Position, dass die Erzeugung von empfindungsfähigen Lebewesen immer schlecht ist, auf verlorenem Posten.

Die Ansicht, dass es besser wäre, nicht zu existieren, wurde aber nicht widerlegt. Wiederlegt wurde, dass es niemals besser für jemanden sein kann, dass er nicht existiert, und vice versa niemals schlechter für jemanden, dass er existiert.

Doch kann es in Bezug auf das Ziel, alles Leid zu verhindern, besser sein, dass niemand existiert?

Es mag sein, dass allein durch die Zeugung niemand geschädigt wird, doch wird durch diesen Akt die notwendige Bedingung für Leid geschaffen, eben empfindungsfähiges Leben. Niemand wünscht sich, Leid zu erleben. Man darf sagen, dass bei allen Lebewesen ein außerordentlich gewichtiges Interesse besteht, Leid zu vermeiden. Man könnte also durchaus von einem Recht auf eine leidensfreie Existenz sprechen. Da es aber unmöglich ist, jemandem vorab eine leidensfreie Existenz zuzusichern, verletzt man dann ein Recht eines Menschen, wenn man ihn zeugt?

5. Ist es eine Rechtsverletzung, Leben zu erzeugen?

5.1. Recht

Ein wichtiger Begriff in der ethischen Debatte, aber auch im Alltag, ist jener des Rechts. Es scheint mir sinnvoll, wieder bei der alltäglichen Verwendung des Begriffs zu beginnen. So finden wir zunächst zwei Bedeutungen. Zum einen kann auf ein Recht Bezug genommen werden, dessen Anspruch durch eine Autorität gesichert ist, zum Beispiel ein gesetzlich festgeschriebenes Recht. Zum anderen wird der Begriff oft verwendet, um auszudrücken, dass man ein Recht auf etwas hat, dass intuitiv als gerechtfertigt erscheint, zum Beispiel das Recht auf gleiche Behandlung unter gleichen Umständen, selbst wenn es keine übergeordnete Macht gibt, welche diesen Rechtsanspruch durchzusetzen vermag. Aufgrund dieser zwei verschiedenen Bedeutungen von „Recht" scheint es angebracht, innerhalb des Rechtsbegriffs zwischen verschiedenen Bedeutungen zu differenzieren. Die einzelnen Bedeutungen des Begriffes „Recht" unterscheiden sich meines Erachtens nach den verschiedenen Zielen, die erreicht werden wollen.

5.2. Zweckrationale Rechte und Pflichten

Rechte und damit verbundene Pflichten, die allein darum anerkannt werden, weil sie für die eigene Person im besten Fall Vorteile, zumindest aber keine Nachteile bringen, können zweckrational genannt werden. Solche egoistisch motivierten Rechte und Pflichten können zum Beispiel das gute Zusammenleben in einer Gesellschaft regeln. Die Rechte müssen nicht durch eine höhere Autorität garantiert sein, sondern beziehen ihre Geltung aus dem Eigeninteresse der Einzelnen. Das heißt, jemand achtet die Interessen anderer zum Zwecke des eigenen Nutzens.

Ist das Interesse von Individuum A für Individuum B hinreichend gewichtig, so wird B die Pflicht verspüren, das Interesse von A zu achten. Hinreichend gewichtig ist das Interesse von A dann, wenn es für B besser ist, das Interesse zu achten, als es nicht zu achten. Angenommen, A hat ein Interesse auf Autonomie. Für B wird es dann vernünftig, dieses Interesse zu berücksichtigen, wenn B dadurch Vorteile für sich selbst sieht. So kann es vernünftig sein, ein Recht auf Autonomie anzuerkennen, um selbst ebenfalls dieses Recht in Anspruch nehmen zu können. Das Interesse auf Selbstbestimmung eines anderen als Recht anzuerkennen und sich damit selbst die Pflicht aufzuerlegen, dieses Interesse zu achten, ist für den Erhalt der eigenen Autonomie gut.

Ist es aber der Fall, dass die Missachtung der Interessen von anderen keine negative Einflussnahme auf das eigene Leben hat, dann ist es aus zweckrationaler Sicht auch nicht notwendig, die Interessen des Wesens zu beachten. So ist es aus zweckrationaler Sicht zum Beispiel nicht relevant, die Interessen von Tieren zu beachten, da sie Handlungen, die ihre Interessen verletzen, ohnehin nicht vergelten können. Die Nichtbeachtung der Interessen von Tieren hat keinen negativen Einfluss auf die Möglichkeit, die eigenen Interessen zu verfolgen.

Aus der Perspektive eines moralischen Akteurs, dessen Bewusstsein nicht auf bloßen Eigennutz gerichtet ist, sondern durch die empathische Fähigkeit auch auf das Empfinden anderer, ist es moralisch verwerflich, Interessen anderer Lebewesen nicht zu berücksichtigen. Ist es dem Akteur ein Bedürfnis, das Leid anderer zu verhindern, muss darauf geachtet werden, dass die Frustration von Interessen nicht ohne gewichtigen Grund geschieht. Dabei sollte es keine Rolle spielen, welcher Spezies, welchem Geschlecht, welcher Religion, welcher Ethnie usw. das Individuum angehört, dessen Interessen von einer Handlung betroffen sind. Somit kann jenes Recht, das ausschließlich aufgrund der egoistischen Motivation zuerkannt wird, nicht ein moralisches Recht genannt werden.

Weiters wird dieses zweckrationale Recht nicht mehr geachtet werden, wenn es für jemanden nicht mehr von Vorteil ist, das Interesse eines anderen zu achten. Zum Beispiel könnte die Person, die eine Handlung unternimmt, in einer solchen Machtposition sein, dass eine Verletzung der Interessen anderer keinerlei negative Folgen für den Akteur hat. Das heißt, dieses gesellschaftliche Recht steht auf einem sehr brüchigen Fundament.

5.3. Legales Recht

Unter einem legalen Recht verstehe ich ein Recht, welches von einer Autorität festgesetzt wird, die auch die Möglichkeiten hat, Rechtsverstöße zu ahnden.

Der Sinn, sich zu einer Gesellschaft zusammenzuschließen, ist in dem Umstand zu suchen, dass das Leben des Einzelindividuums durch Kooperation mit Gleichgesinnten erleichtert und verbessert wird. Die einzelnen Handlungen der Gesellschaftsmitglieder oder des gesellschaftlichen Systems sollten also diesem Ziel nicht widersprüchlich gegenüberstehen. Um die Handlungen im Rahmen des guten gesellschaftlichen Zusammenlebens zu halten, ist es vernünftig, den Gesellschaftsmitgliedern Rechte zuzuerkennen – so zum Beispiel das Interesse auf ein selbstbestimmtes Leben. Die Achtung der Autonomie anderer Gesellschaftsmitglieder führt zu einem besseren Ergebnis für jeden Einzelnen. Das heißt, die Regeln zu befolgen ist vernünftig, um seine eigene Position zu verbessern. Wieder ist es also Zweckrationalismus, der den Interessen der anderen Gesellschaftsmitglieder ein hohes Gewicht verleiht. Wenn die Anerkennung der Interessen anderer allein darauf basiert, selbst einen Nutzen zu haben, dann wird die Pflicht, ein Interesse zu achten, für eine Person dort enden, wo sie keine Vorteile mehr aus dieser Pflichtbefolgung zieht.

Es ist also sinnvoll, zur Garantie der Rechte aller eine Autorität zu schaffen, die eben jene Pflichtbefolgung garantiert.

5. Ist es eine Rechtsverletzung, Leben zu erzeugen?

Diese übergeordnete Autorität hat die Aufgabe, Pflichtverstöße zu verfolgen und zu bestrafen. Somit ist die Achtung des Interesses des Einzelnen also nicht mehr der Position des Gegenübers ausgeliefert. Gleichwohl der Position, die der Rechtsverletzer in der Gesellschaft einnimmt, wird er durch die übergeordnete Macht für die Verletzung eines Rechtes zur Rechenschaft gezogen.

Die Anerkennung von Rechten wie auch die Exekution bei Rechtsverletzungen wird im Sinne des Zusammenlebens institutionalisiert. Durch eine Legislative, die ihrerseits ihre Legitimation aus der Gesellschaft bezieht, werden Rechte und Pflichten festgeschrieben. Das Interesse der einzelnen Gesellschaftsmitglieder, die bestehenden Pflichten zu achten, wird durch die Androhung einer Strafe forciert. Durch das Festschreiben der Rechte, die von den Gesellschaftsmitgliedern befolgt werden sollen, ist allerdings die autonome Anerkennung des Rechts durch den Einzelnen nicht mehr gefordert. Das heißt, die Pflicht ein Recht zu befolgen, wird auferlegt, unabhängig davon, ob das Recht vom Individuum anerkannt wird.

In einer demokratischen Gesellschaftsordnung wird durch die Mitbestimmungsmöglichkeit der Gesellschaftsmitglieder die Rechtsordnung von den meisten eher anerkannt werden. Doch auch in einer Tyrannis wird es Normen geben. Diese werden möglicherweise unmoralisch sein, da sie nicht alle Individuen gleichermaßen beachten, dennoch scheint es mir nicht

5. Ist es eine Rechtsverletzung, Leben zu erzeugen?

widersprüchlich, den Begriff „Recht" auch für unmoralische Regeln zu verwenden, sofern sie einen institutionellen Hintergrund haben.

Manche werden hier widersprechen und sagen, dass eine gezwungene Anerkennung einer Regel gar kein Recht sein kann, da ein Recht auf autonomer Anerkennung basieren soll. Und schon gar nicht kann eine unmoralische Vorschrift ein Recht genannt werden.

Diese Haltung ist verständlich und kommt meines Erachtens daher, weil der Begriff „Recht" oftmals mit „moralisch richtig" oder „gerecht" assoziiert wird. Dies mag vor allem an dem Umstand liegen, weil wir in einer demokratischen Gesellschaft leben, deren Ideal es ist, die legalen Normen möglichst mit säkularen moralischen Normen in Übereinstimmung zu bringen. Da es aber dennoch der Fall ist, dass man solche staatlich verordneten Normen für gewöhnlich als Rechte bezeichnet, scheint es mir sinnvoll, diese Normen deshalb „legales Recht" zu nennen und sie dadurch von anderen Verständnissen des Rechtsbegriffes abzugrenzen.

Auch in der einschlägigen Literatur findet man grundsätzlich zwei Denkrichtungen, die sich in der Frage, was ein Recht ist, gegenüberstehen. Die naturrechtliche Richtung behauptet, dass Rechtsnormen nur jene Normen sein können, die mit dem Sittengesetz übereinstimmen. Demgegenüber behauptet die rechtspositivistische Richtung, dass eine Rechtsnorm eine

5. Ist es eine Rechtsverletzung, Leben zu erzeugen?

Gegebenheit der sozialen Wirklichkeit ist. Sie nimmt zwischen Recht und Moral eine begriffliche Trennung vor.[11]

5.4. Moralisches Recht

Es lässt sich bisher festhalten, dass ein Recht die Beziehung zwischen mindestens zwei Individuen braucht: jemanden, der ein Interesse hat, und jemanden, der dieses Interesse für gewichtig genug hält, um sich selbst die Pflicht aufzuerlegen, dieses Interesse zu achten. Ein Recht geht immer einher mit einer Pflicht. Wenn x ein Recht hat, so hat y die Pflicht, dieses Recht nicht zu verletzen. Recht und Pflicht können aber zeitlich versetzt existieren. Dieser Fall tritt ein, wenn der Rechtsträger noch nicht aktual existiert. Dies ist zum Beispiel der Fall in der Frage nach Pflichten gegenüber zukünftigen Generationen. Es ist zwar fraglich, ob oder wie viele Menschen existieren werden, die gegenwärtig existierenden Menschen haben aber die Pflicht, ihre Handlungen so zu wählen, dass auch zukünftige Menschen nicht in ihren Rechten verletzt werden. Somit ist gezeigt, dass eine Pflicht existieren kann, ohne dass ein Rechtsträger existiert. Die Existenz eines solchen möglichen Rechtsträgers wird aus Vorsicht angenommen und die moralisch relevanten Handlungen dahingehend abgestimmt. Ich werde an späterer Stelle weiter

---

[11] Vgl. Hoerster, N. (1977): Einleitung. In: N. Hoerster (Hrsg.), *Recht und Moral. Texte zur Rechtsphilosophie* (S. 13–16), München: Deutscher Taschenbuch Verlag. S. 13

5. Ist es eine Rechtsverletzung, Leben zu erzeugen?

darauf eingehen.

Was unterscheidet nun ein moralisches Recht von anderen Rechtsbegriffen? Anders als die Normen, die wir aufgrund einer bestehenden Gesetzgebung zu befolgen haben, muss jede moralische Norm auf autonomer Anerkennung basieren. Das heißt, die moralischen Normen, nach welchen eine Person handelt, kann sie sich nur selbst geben. Welche Rechte eine Person anerkennt, hängt also von dieser Person selbst ab. Wie kommt nun eine Person dazu, sich selbst bestimmte Pflichten aufzuerlegen? Da wir von moralischen Rechten sprechen, ist es eine Bedingung, dass der Akteur selbst ein moralisches Interesse hat. Das heißt, der Akteur hat das Bedürfnis, die Interessen anderer Lebewesen zu achten. Diesem Bedürfnis liegt meines Erachtens die Fähigkeit der Empathie zugrunde. Der Ursprung des moralischen Denkens liegt sicherlich in einer für soziale Lebewesen vorteilhaften Überlebensstrategie. Menschen handeln aber nicht allein aus Instinkt moralisch, sondern sie sind auch der Vernunft fähig und können Argumente vorbringen, warum es gut ist, so oder so zu handeln. Es geht nicht mehr um eine bloße Überlebensstrategie im Sinne eines reziproken Altruismus, sondern um echte Rücksichtnahme auf andere Lebewesen. Aus der Überlegung des moralischen Akteurs, welche Interessen für ihn selbst so gewichtig sind, dass andere eine Pflicht haben sollten, diese Interessen zu achten, erkennt der Akteur für sich selbst gewisse Pflichten, die er gegenüber anderen befolgen sollte.

5. Ist es eine Rechtsverletzung, Leben zu erzeugen?

Denn es wäre ein Widerspruch, etwas von anderen zu verlangen, ohne dass man selbst bereit ist, dasselbe für andere zu tun. Das heißt, ein moralisches Recht ist direkt verbunden mit dem Begriff der Fairness. Nichts anderes als die „Goldene Regel" ist es also, die dem Akteur zeigt, welche Pflichten er anderen gegenüber hat. Erhebt der Akteur also den Anspruch auf ein selbstbestimmtes Leben, so ist es dem zur Empathie fähigen Akteur auch bewusst, dass andere Lebewesen diesen Anspruch ebenfalls erheben können. Dass man anderen moralischen Akteuren das Recht auf Autonomie zuerkennt, ist leicht nachzuvollziehen. Denn es stellt einen Nutzen für jeden Einzelnen dar, wenn man allen anderen dasselbe Recht zuerkennt, das man selbst in Anspruch nehmen möchte. Hier spielt der reziproke Altruismus eine große Rolle. Doch moralisches Recht kann nicht einfach auf Eigennutz basieren. So wird man auch anderen Lebewesen moralische Rechte zusprechen, die selbst keine moralischen Akteure sind. Auch Tieren gegenüber verspürt man die Pflicht, ihnen kein Leid zuzufügen. Die Pflicht erwächst aus der Annahme, dass Tiere ebenfalls Leid wahrnehmen, und dem eigenen Wissen, wie sich Leid anfühlt. Der Grund dafür ist kein zweckrationaler, sondern er ist meines Erachtens allein in der Fähigkeit der Empathie zu finden. Wir haben keinen Nutzen davon, Hühnern ein Recht auf ein leidminimiertes Leben zuzuerkennen. Im Gegenteil werden dadurch doch zusätzliche Kosten für die Gesellschaft und den Einzelnen generiert. Doch ist es hier wieder die Fähigkeit der

5. Ist es eine Rechtsverletzung, Leben zu erzeugen?

Empathie, die uns dazu veranlasst, uns in andere Wesen hineinzufühlen. Und bei diesem Mitfühlen stellt sich uns gleichzeitig die Frage, wie wir selbst behandelt werden wollen, wären wir in derselben Situation. Wir versuchen, die Grundlage unseres Handelns beziehungsweise unseres Behandelns anderer empfindungsfähiger Wesen auf eine verallgemeinerungsfähige Basis zu stellen. Das heißt, meine Handlung sollte so gewählt werden, dass ich jederzeit wollen kann, dass auch ich selbst nach jener Regel behandelt werde.

Das hinreichende Gewicht, das ein Interesse haben muss, um ein Recht zu werden, kommt, so scheint es mir, aus dem Umstand, welches Leid erzeugt wird, sofern das Interesse nicht erfüllt wird. Natürlich ist jede Frustration eines Interesses eine Form von Leid. Es kann aber nicht jedes Interesse ein Recht sein. Welches Interesse ein moralisches Recht ist, hängt wohl mit dem Begriff der Gerechtigkeit zusammen.

Wollen wir herausfinden, welche Interessen gewichtig genug sind, um Rechte zu werden, bietet sich ein bekanntes Gedankenexperiment an. Angenommen, es handelt sich um ein Spiel mit beliebig vielen Spielern. Jeder Spieler hat bestimmte Interessen, die er verfolgt. Die Interessen sind sehr verschieden. Doch es gibt auch Interessen, die alle Spieler teilen: so zum Beispiel das Interesse an einem möglichst glücklichen Leben. Jeder wird versuchen, im Spiel den größten Vorteil für sich zu erlangen. Gibt es keine Regeln, dann werden einige Spieler dieses

5. Ist es eine Rechtsverletzung, Leben zu erzeugen?

Interesse an einem möglichst glücklichen Leben anderer Spieler frustrieren, um ihr eigenes Glück zu maximieren. Da es aber ein Ziel der Moral ist, kein Leid zu erzeugen, müssen Regeln gefunden werden, die allen gleichermaßen ein möglichst leidloses Leben ermöglichen. Sollen sich die Spieler auf Regeln einigen, die allen nützen, ist dies nur möglich bei einem Diskurs, bei dem die Interessen aller Spieler gleichermaßen berücksichtigt werden. Dazu ist es aber nötig, alle anderen Variablen, die eine Einigung verhindern können, auszuschalten. Dies wird erreicht, indem keiner der Spieler weiß, auf welcher Spielposition er beginnen wird. Damit wird die Einigung so aussehen, dass es ein Mindestmaß an Rechten gibt, die jedem gleichermaßen zuerkannt werden.[12]

Ungeachtet der weiteren Fähigkeiten oder Eigenschaften der Lebewesen wird versucht, ein Mindestmaß an Regeln zu finden, die für alle gleichermaßen gut sind. Auch wenn einige durch diese Regeln ihr eigenes Glück nicht maximieren können, so wird jedoch das größtmögliche Leid minimiert.

Individuen, denen Rechte zugesprochen werden, müssen nicht notwendigerweise denselben moralischen Status haben wie Personen. Unter einer „Person" versteht man für gewöhnlich ein

---

[12] Vgl. Rawls, J. (1975): *Eine Theorie der Gerechtigkeit,* Frankfurt am Main: Suhrkamp. S. 141 ff.

5. Ist es eine Rechtsverletzung, Leben zu erzeugen?

Wesen, welches die Fähigkeit besitzt, moralisch zu handeln, und sich selbst als für die Handlung verantwortliches Wesen begreifen kann. Individuen, die deutlich über die Fähigkeit zur Empfindung verfügen, werden oftmals keine legalen Rechte – beziehungsweise nur in verminderter Form – zugesprochen werden, so zum Beispiel Tieren. Im legalen Recht spielt die Gesellschaft und die rechteerlassende Autorität eine Rolle. So wird man nur legale Rechte erklären können, die keinen gesellschaftsauflösenden Charakter haben. Mag man auch der Meinung sein, dass Tieren ein moralisches Recht zukommt, ein glückliches und selbstbestimmtes Leben zu führen, so wird dies in einer Gesellschaft, in welcher der Konsum von tierischen Produkten eine große Rolle spielt, nur schwerlich zu einem legalen Recht gemacht werden können. Die legal auferlegte Pflicht würde kaum eingehalten werden. Die politische Autorität könnte versuchen, die Einhaltung des geltenden Rechts mit Gewalt durchzusetzen. Zwar kann es durchaus gerechtfertigt sein, geltendes Recht mit Gewalt durchzusetzen, doch wird es in diesem Falle vom Gros der Gesellschaft wohl nicht toleriert werden und deshalb die Autorität zerstören. Hier wird also moralisch relevanten Subjekten kein legales Recht zugesprochen, obwohl es moralische Pflichten ihnen gegenüber gibt.

In anderen Fällen werden Subjekten, die nicht die Fähigkeiten zur Empfindung haben, legale Rechte zugesprochen. Als Beispiel seien hier die Rechte von Embryonen genannt. Eine

5. Ist es eine Rechtsverletzung, Leben zu erzeugen?

Blastozyste verfügt nicht über die Fähigkeit, Schmerz zu empfinden. Sie hat also keinesfalls denselben Status wie eine Person. Ob dieser Blastozyste legale Rechte zugesprochen werden, hängt aber nicht von ihren aktualen Fähigkeiten ab, sondern von der Gesellschaft. Handelt es sich um eine Gesellschaft mit bestimmten religiös geprägten Vorstellungen, zum Beispiel, dass bereits dem Embryo ein Lebensschutz zusteht, so wird dies auch geltendes, also legales Recht werden beziehungsweise daraus das Verbot abgeleitet werden, einen Schwangerschaftsabbruch vorzunehmen.

Wie aber verhält es sich mit den moralischen Rechten solcher Entitäten, die offenbar nicht über die moralisch essentielle Fähigkeit der Empfindung verfügen?

5.5. Aktuales Recht

Ist es notwendig, dass ein Subjekt bereits ein Interesse hat, welches ein allgemein anerkanntes moralisches Recht ist, um eine Pflicht zu generieren oder genügt bereits das mögliche Sein eines Rechtsträgers?

Wie ich an obiger Stelle gesagt habe, ist moralisches Recht ein Interesse, welches durch hinreichendes Gewicht andere Menschen dazu verpflichtet, es zu achten. Die Frage nach moralischen Rechten von eigentlich Interesselosen stellt sich u. a. in der erwähnten Debatte um Rechte von Embryonen. Eine Blastozyste hat die Fähigkeit, sich zu einem vollständigen

5. Ist es eine Rechtsverletzung, Leben zu erzeugen?

Menschen zu entwickeln. Ein Problem, welches in der Debatte der Embryonenrechte besteht, ist, wie man einem Etwas, das sich zu einer Person entwickeln wird, moralische Rechte zuerkennen kann. Wie bereits oben gesagt, wäre es kein Problem, legale Rechte zuzuerkennen, da diese nicht notwendigerweise auf dem moralischen Status des Subjekts aufbauen. In diesem Fall aber ergibt sich das Problem aufgrund des scheinbar fehlenden moralischen Status und somit der fehlenden Grundlage, um hier moralische Rechte zuzusprechen. Es scheint für moralische Normen von essentieller Wichtigkeit, dass sie auch Wesen treffen, die moralisch relevant sind. Ein Stein braucht keine Moral. Die moralische Relevanz ergibt sich aus der Empfindungsfähigkeit. Eben diese ist bei einer Blastozyste nicht vorhanden. Somit könnte Embryonen, sofern sie noch nicht empfindungsfähig sind, auch kein Interesse zugeschrieben werden und folglich auch kein Recht.

Dennoch ist es so, dass sich aus dieser noch empfindungsunfähigen Blastozyste ein empfindungsfähiges Wesen entwickeln kann und, sofern die Umstände es zulassen, dies auch geschehen wird. Aufgrund der kontinuierlichen Entwicklung der befruchteten Eizelle zu einem empfindungsfähigen Wesen kann unsere Einflussnahme auf diese Zellen auch Auswirkungen auf die zukünftige Person haben. Welche Auswirkungen es haben wird, ist nicht immer absehbar.

Bereits im Kapitel über Schädigung habe ich Fragen zu

5. Ist es eine Rechtsverletzung, Leben zu erzeugen?

Handlungen in der Gegenwart behandelt, welche das Leben der zukünftig existierenden Personen beeinflussen. Ich habe festgestellt, dass aufgrund des Non-Identity-Problems und des Kriteriums des „worse off" keine Schädigung behauptet werden kann, sofern die vermeintlich schädigende Handlung gleichzeitig die Handlung ist, die zu der Existenz dieses Menschen führt. Zwar mag es sein, dass eine Person nicht schlechtergestellt werden kann durch die Handlung, durch welche sie erst zur Existenz gebracht wird. Wie verhält es sich aber mit den moralischen Rechten der Personen, die noch nicht sind, aber sein werden? Ist zum Beispiel im Falle des Kindes der 14-jährigen Mutter das Recht verletzt worden, einen guten Start ins Leben zu haben? Verletzt man nicht das Recht auf ein gutes Leben, wenn man ein Kind austrägt, das aufgrund genetischer Fehler eine schlimme Krankheit haben wird?

Ich will vorerst annehmen, dass dies der Fall ist. Eine Prämisse hierfür ist, dass Rechte bestehen können, selbst wenn noch kein Individuum vorhanden ist, dessen Interesse das Bestehen des moralischen Rechts legitimiert.

Derek Parfit widmet sich ebenfalls der Frage der Rechtsverletzung der 14-Jährigen gegenüber ihrem Kind. Er schreibt, dass selbst, wenn das Kind dieses Recht hätte, es nicht hätte erfüllt werden können. Denn *dieses* Kind konnte eben nur zu diesem Zeitpunkt geboren werden. Jemand könnte jedoch entgegnen, dass es falsch ist, jemanden zu zeugen, wenn die

5. Ist es eine Rechtsverletzung, Leben zu erzeugen?

Erfüllbarkeit dieses Rechts nicht möglich ist. Parfit ist der Meinung, dass dieses Argument nicht aufrechterhalten werden kann. Selbst wenn das Interesse an einem guten Start ins Leben durch die Unreife einer Mutter verletzt wird, könnte das Kind sein Leben dennoch als lebenswert erachten. Somit hätte die zu junge Mutter auch kein Unrecht begangen. [13]

Eine Frage ist also: Wie kann man ein Recht verletzen, wenn die Person, von der wir behaupten, dass ihr Recht verletzt worden ist, die Rechtsverletzung bestreitet? Wie kann man behaupten, etwas sei eine Rechtsverletzung, wenn der Rechtsträger nicht der Meinung ist, dass sein Recht verletzt worden ist? Es ist zweifellos nicht absehbar, ob eine Person etwas als Rechtsverletzung empfinden wird. Wir haben hier mit dem Problem der epistemischen Unsicherheit zu kämpfen. Ob eine Handlung das Recht einer Person tatsächlich verletzt, kann nur dann mit Sicherheit gesagt werden, wenn alle für die Person relevanten Folgen der Handlung eingetreten sind und die Personen sich in ihren Rechten auch verletzt fühlen. Die Rechtsverletzung hat nur dann stattgefunden, wenn die Person sich durch die vergangene Handlung in ihren Rechten verletzt sieht. Heißt das aber, dass wir auf die noch nicht bestehenden Interessen von möglichen Personen keine Rücksicht nehmen müssen, da wir ohnehin nicht wissen können, ob wir diese

---

[13] Vgl. Parfit, D. (1992). S. 364

verletzen?

5.6. Haben zukünftige Menschen keine Rechte?

In „Das mißgebildete Kind. Moralische Dilemmata für Ärzte und Eltern" (1990) schreibt R. M. Hare, dass das grundlegendste Prinzip der moralischen Entscheidungsfindung ist, die Interessen aller Betroffenen zu beachten.[14] Was in bestimmten Entscheidungssituationen oft vergessen wird, ist das Interesse möglicher Menschen. Hare versucht das Interesse von möglichen Menschen mit Hilfe eines Beispiels darzustellen: Ein neugeborenes Kind mit einer Fehlbildung, die so schwer ist, dass das Kind kein besonders lebenswertes Leben haben würde, wird sterben, wenn es nicht operiert wird. Wird die Operation nicht durchgeführt und das Kind sterben gelassen, dann würden die Eltern ein anderes Kind zeugen, dessen Leben lebenswert sein wird. Wird operiert, wird dieses Kind niemals geboren. Soll operiert werden?

Hare sieht für das Fällen von Werturteilen kein besseres Verfahren, als sich selbst in die Lage der betroffenen Personen zu versetzen.[15]

In diesem Fall versetzt er sich zuallererst in die Lage des

---

[14] Vgl. Hare, R. M. (1990): Das mißgebildete Kind. Moralische Dilemmata für Ärzte und Eltern. In: *Um Leben und Tod: moralische Probleme bei Abtreibung, künstlicher Befruchtung, Euthanasie und Selbstmord* (S. 375–383), Frankfurt am Main: Suhrkamp. S. 374 f.

[15] Vgl. Hare, R. M. (1990). S. 379

5. Ist es eine Rechtsverletzung, Leben zu erzeugen?

behinderten Kindes, dessen Lebensinteresse er aufgrund der schweren Behinderung als geringer einschätzt als jenes eines normalen Kindes, obwohl es noch in geringem Maße vorhanden sein mag. Hier macht Hare meines Erachtens bereits einen Fehler. Wie Hans Grewel in „Zwischen Mitleid, Mord und Menschlichkeit – Wider das Mißverständnis der Humanität in den neuen Euthanasiebewegungen" (1993) treffend schreibt, ist eine Behinderung ein Befund. Eine Behinderung ist aber keine Befindlichkeit.[16] Leid ist eine Befindlichkeit. Somit ist eine Behinderung auch nicht notwendigerweise Leid.

Grewel schreibt in Bezug auf die Euthanasie von möglicherweise behinderten Menschen:

> Die Begründung, mit der ein solches Recht auf Tötung gefordert wird, ist fast immer die gleiche: Die Situation des Menschen wird für elend, leidvoll, menschenunwürdig, nicht lebenswert erklärt. Dann erscheint es als ein Akt von Humanität, ihn von diesem Elend zu erlösen oder besser: ihn erst gar nicht geboren werden zu lassen.[17]

Der Schluss von der Behinderung eines Menschen auf seine Lebensqualität ist nicht zulässig. So ist es nicht auszuschließen, dass geistig behinderte Menschen ein glücklicheres Leben führen können, als es geistig „normal" entwickelte Menschen führen. Es

---

[16] Vgl. Grewel, H. (1993): Zwischen Mitleid, Mord und Menschlichkeit – Wider das Mißverständnis der Humanität in den neuen Euthanasiebewegungen. In: *Das Recht auf den eigenen Tod* (S. 66–89), Düsseldorf: Patmos. S. 70

[17] Grewel, H. (1993). S. 73

scheint sogar plausibel zu sein, dass ein Fehlen von bestimmten mentalen Fähigkeiten ein glücklicheres Leben zur Folge hat. Ein Mensch mit „normalen" Fähigkeiten wird sich ab einem gewissen Stadium der Entwicklung um sich selbst kümmern müssen. Die daraus folgende Verantwortung für das eigene Leben und die Sorgen um Arbeitsplatz, Gesundheit, Bankkonto usw. können die Lebensqualität einschränken. Verantwortung ist nicht notwendigerweise etwas Gutes. Sie ist eher eine Bürde, die man zu tragen hat. Sofern es auch eine entsprechende Versorgungsstruktur und -kultur gibt, die diese Menschen auffängt und ihnen Hilfe bietet, kann das Leben von Menschen mit mentalen Einschränkungen glücklicher sein und freier von den gewöhnlichen Sorgen, als sie gewöhnliche Menschen haben. Weiters gibt es Fälle, in denen Menschen, die durch einen Unfall eine Behinderung erlitten haben, ihr Leben mit der Behinderung als glücklicher betrachten als zuvor. Nicht zu vergessen ist, dass Menschen, die bereits von Geburt an eine Behinderung aufweisen, an das Leben mit Behinderung gewohnt sind und es nicht notwendigerweise als Qual betrachten. Es zeigt sich, dass eine Ableitung der Lebensqualität eines anderen Menschen aus der Vermutung, wie man sich selbst in der Situation fühlen würde, nicht möglich ist. Von solchen Bewertungen des Lebenswertes aus einer Beobachterperspektive ist Abstand zu nehmen. Die Befindlichkeiten von Menschen sind höchst unterschiedlich, und hängen nicht notwendigerweise von der körperlichen Verfassung ab.

Nehmen wir aber an, das behinderte Kind in Hares Beispiel würde sich, sofern es sich zu einer Person entwickelt, tatsächlich den Wunsch hegen, niemals geboren worden zu sein. Nachdem Hare das Leben des behinderten Kindes als weniger lebenswert bestimmt hat, versetzt er sich in die Lage des möglichen Kindes, welches gezeugt wird, würde das behinderte Kind sterben gelassen.

Er versetzt sich in die Lage von „Andreas", dessen Leben zweifellos lebenswert sein wird.

> Angenommen, das Kind mit Fehlbildungen würde nicht operiert. Es hätte, würde es operiert, eine beträchtliche Überlebenschance, wäre aber, wenn es überlebte, mit großer Wahrscheinlichkeit schwer behindert. Deshalb wurde nicht operiert, und wen wir jetzt vor uns haben, ist nicht dieses Kind, sondern der junge Andreas, der zwei Jahre später geboren wurde, vollkommen normal, [...].[18]

Dieses Kind wird also das Interesse haben zu existieren und geboren worden zu sein. Nach Hare wiegt das Interesse des möglichen Kindes schwerer als das Interesse des aktualen Kindes zu existieren. Die Operation, welche dem aktualen Kind das Leben verlängern würde, sollte also nicht durchgeführt werden.

---

[18] Hare, R. M. (1990). S. 378

5. Ist es eine Rechtsverletzung, Leben zu erzeugen?

Hare schreibt:

> Ich glaube also nicht, daß das dem Fötus oder dem erfolglos
> operierten Neugeborenen durch Töten zugefügte Übel größer ist als
> das Andreas zugefügte, wenn man ihn daran hindert, gezeugt und
> geboren zu werden. Tatsächlich ist meiner Meinung nach das Übel
> viel geringer, denn, im Unterschied zu ihnen, hat Andreas eine gute
> Aussicht auf ein normales und glückliches Leben.[19]

Was Hare nicht erläutert, ist, wie das Interesse einer Person,
geboren zu werden, verletzt werden kann, wenn durch die
vermeintlich verletzende Handlung die Person dieses Interesse
niemals entwickeln wird beziehungsweise aktual kein solches
Interesse existiert. Hares Beispiel scheint mir nicht nur das Ziel zu
verfehlen, es öffnet auch die Tür zu Szenarien, in denen ein Kind
getötet oder sterben gelassen wird, weil sein Lebensinteresse als
negativ eingeschätzt wird, um ein anderes Kind zu zeugen, dessen
Lebensinteresse wahrscheinlich höher sein wird. Weiters würde
folgen, dass Menschen unaufhörlich Kinder zeugen sollten, sofern
sie davon ausgehen können, dass diese Kinder ein Lebensinteresse
haben werden.

Parfit schreibt in „Rechte, Interessen und mögliche
Menschen" (1990), dass selbst, wenn mögliche Menschen keine
Rechte haben, wir häufig so handeln sollten, als hätten sie welche.
Er beginnt mit einer Unterscheidung von zukünftigen und

---

[19] Hare, R. M. (1990). S. 382

möglichen Menschen. Zukünftige Menschen sind solche, die existieren werden, ganz gleich, wie wir handeln. Diesen Menschen, obwohl sie noch nicht leben, können wir schaden, da wir sie mit gegenwärtigen Handlungen schlechterstellen können, als sie es wären, würden wir diese Handlungen unterlassen, so Parfit. Mögliche Menschen definiert Parfit als Menschen, die existieren werden, wenn wir auf eine bestimmte Weise handeln, sie werden aber nicht existieren, wenn wir auf andere Weise handeln. Als Beispiel dient hier die Überlegung, ob man Kinder zeugen sollte. Die Kinder, die man zeugen könnte, sind mögliche Menschen. Parfit fragt, ob es gegen das Interesse einer Person sein kann, gezeugt zu werden, und ob es das Interesse einer Person verletzt, nicht gezeugt zu werden. Er geht auf R. M. Hares Ansicht ein, dass es das Interesse möglicher Menschen verletzen könne, wenn sie nicht gezeugt werden. Um den Gehalt von Hares Ansicht besser zu beurteilen, betrachte man ein Paar, welches sich überlegt, Kinder zu zeugen. Man nehme an, dass das Leben dieser Kinder lebenswert wäre. Nach Hare würde das Paar die Rechte der Kinder also verletzen, wenn es sie nicht zeuge, so Parfit.[20]

Wie ich bereits im Kapitel über Schädigung gezeigt habe, ist es nicht möglich zu behaupten, dass man Menschen durch eine

---

[20] Vgl. Parfit, D. (1990): Rechte, Interessen und mögliche Menschen. In: *Um Leben und Tod: moralische Probleme bei Abtreibung, künstlicher Befruchtung, Euthanasie und Selbstmord* (S. 384–394), Frankfurt am Main: Suhrkamp. S. 384 f.

5. Ist es eine Rechtsverletzung, Leben zu erzeugen?

Handlung schaden kann, die grundlegend ist für die Existenz dieser Menschen, selbst wenn deren Leben eine Qual ist. Und auch Hares Ansicht, dass man Rechte von Personen verletzt, wenn man sie nicht zeugt, ist absurd. Es kann kein Interesse und damit ein Recht zu existieren verletzt werden, weil dieses durch die Unterlassung der Zeugung niemals bestehen wird.

Wenn es richtig ist, dass nur die Verletzung eines aktualen Interesses eine Rechtsverletzung sein kann, dann muss die Hypothese, dass bereits die Erzeugung von Leben eine Rechtsverletzung ist, verworfen werden. Die Verletzung eines Rechts auf ein möglichst leidensfreies Leben scheint zwar zu einem späteren Zeitpunkt möglich, nämlich genau dann, wenn dieses Interesse auftritt, jedoch ist zum Zeitpunkt der Zeugung ein solches Interesse nicht vorhanden. Eltern verletzen also kein Recht, wenn sie ein Kind zeugen, da das Recht beziehungsweise das notwendigerweise zugrunde liegende Interesse, nicht zu existieren, erst in der Zukunft auftreten kann. Mit der Zeugung wird aber die Möglichkeit für zukünftige Interessen geschaffen und damit auch die Möglichkeit der Frustration dieser Interessen.

Nun weiß man nicht im Voraus, welche Interessen die zukünftige Person entwickeln wird. Wir wissen aber, dass unsere Handlungen Auswirkungen auf zukünftige Menschen haben werden. Insofern liegt es auch in unserer Verantwortung, über die

5. Ist es eine Rechtsverletzung, Leben zu erzeugen?

Konsequenzen unserer Handlungen nachzudenken und die Handlungen so zu bestimmen, dass wir nach bestem Wissen und Gewissen im Sinne einer moralischen Entscheidung jene Handlungsalternative wählen, die möglichst keine Interessen verletzt. Auch wenn man behauptet, dass immer nur ein aktuales Interesse beziehungsweise Recht verletzt werden kann, so kann dennoch eine Handlung, von der wir vernünftigerweise nicht wollen können, dass sie zu einer Regel wird, als unmoralisch qualifiziert werden. Zum Beispiel darf man behaupten, dass der verschwenderische Umgang mit Ressourcen und die Verschmutzung der Natur unmoralisch sind. Wüssten wir nicht, in welcher Zeit wir geboren würden, so würden wir wollen, dass es zu einer Regel wird, mit den Ressourcen schonend umzugehen und die Natur für alle als Lebensraum zu erhalten.

5.7. Pflichten

Da eine epistemische Lücke besteht, wir also nicht wissen können, welche unsere Handlungen tatsächlich die Rechte zukünftiger Lebewesen verletzen, sollte man vielleicht davon Abstand nehmen, von einer Rechtsverletzung zu sprechen, sofern kein Recht aktual verletzt wird. Dennoch wird man sagen dürfen, dass man die moralische Pflicht hat, Handlungen nach bestem Wissen und Gewissen zu wählen, so dass möglichst niemand in Zukunft unter den Folgen der Handlung leiden muss.

Eine Mutter, die während der Schwangerschaft Substanzen

5. Ist es eine Rechtsverletzung, Leben zu erzeugen?

zu sich nimmt, die einen negativen Einfluss auf die zukünftige Person haben können, begeht ein Unrecht. Sie verletzt jedoch kein aktual vorhandenes Interesse des Kindes. Sie frustriert aber möglicherweise die Interessen der zukünftigen Person. Auch wenn keine Interessen des Kindes vorliegen, so hat die Mutter dennoch darauf zu achten, dass ihre gegenwärtigen Handlungen nicht Folgen zeitigen, die das Leben des Kindes in Zukunft negativ beeinflussen. Da es erwiesen ist, dass Substanzen wie Alkohol oder Nikotin usw. negative Einflüsse auf die ungeborene Person haben können, verletzt die Mutter die Pflicht, das Wohl des Kindes nicht negativ zu beeinflussen.

Pflichte und Rechte gehören zusammen. Wie bereits erwähnt, ist ein Recht ein gewichtiges Interesse, das eine Pflicht generiert. Allerdings ist es möglich, eine Pflicht zu verletzen, ohne das Recht eines anderen tatsächlich zu verletzen. Wie ist dies möglich?

Wie bereits gesagt, sind moralische Rechte abhängig vom Akteur. Der Akteur ist der Urheber dieser Rechte beziehungsweise muss die Rechte autonom anerkennen. Ist der Akteur der Meinung, dass sein Interesse gewichtig genug ist, um anderen eine Pflicht aufzuerlegen, dieses Recht nicht zu verletzen, so begründet er damit auch für sich selbst die Pflicht, anderen gegenüber dieses Recht zu achten. Nun muss aber nicht notwendigerweise jemand vorhanden sein, der dieses Recht in

5. Ist es eine Rechtsverletzung, Leben zu erzeugen?

Anspruch nehmen kann, um den Akteur zu verpflichten, seine Handlungen so auszurichten, dass dieses Recht nicht verletzt wird.

Das Recht und die damit verbundene Pflicht, es zu beachten, bestehen unabhängig von der individuellen Person, die fragliches Recht in Anspruch nehmen könnte. Wir können nicht wissen, ob unserer Handlungen jemanden verletzen werden. Es besteht eine epistemische Lücke. Diese Lücke wird durch die vom Akteur sich selbst auferlegte Pflicht entschärft, auch auf Interessen möglicher Lebewesen achtzugeben. Sollte es in der Zukunft der Fall sein, dass jemand existiert, der durch die Handlung verletzt werden könnte, so wird diese Möglichkeit, jemanden zu verletzen, bereits jetzt verhindert, da der moralische Akteur Rücksicht auf etwas nimmt, das passieren kann.

Die Nichtbeachtung einer moralischen Pflicht ist unmoralisch – unmoralisch aus dem Grund, weil der Akteur weiß, dass er mit seiner Handlung möglicherweise ein wichtiges Interesse verletzt, welches er für sich selbst geschützt wissen möchte.

Es folgt, dass eine Handlung auch als unmoralisch bezeichnet werden kann, wenn nach Eintritt aller Folgen festgestellt werden kann, dass kein Recht verletzt worden ist. Der Akteur hat zum Zeitpunkt seiner Handlung nicht gewusst, ob die negativen Folgen, die er hat voraussehen können, eintreffen werden. Im

5. Ist es eine Rechtsverletzung, Leben zu erzeugen?

Nachhinein zu sagen, die Handlung sei moralisch korrekt gewesen, ist nicht zulässig.

5.8. Fazit

In diesem Kapitel habe ist zu zeigen versucht, dass Pflichten bestehen können, ohne dass die Personen existieren, denen ich diese Pflichten schulde. Auch wenn eine Handlung kein aktuales Interesse beziehungsweise Recht verletzt, so wird man doch sagen, dass eine Handlung unmoralisch ist, sofern dem moralischen Akteur bewusst ist, dass sein Handeln einem Menschen ein unnötiges Leid zufügt, welches er selbst nicht möchte.

Lehnt man die Ansicht ab, dass wir die Rechte zukünftiger Generationen verletzen können, da diese noch nicht aktual existieren, dann könnte man schließen, dass wir diesen zukünftigen Generationen nichts schulden.

Ich habe festgestellt, dass es zwar der Fall ist, dass wir aufgrund der epistemischen Lücke nicht wissen können, ob wir die Rechte zukünftiger Generationen verletzen können, jedoch dennoch Pflichten bestehen, ohne dass Interessen anderer existieren müssen. Die Pflichten, wie gehandelt werden soll, sind unabhängig von anderen Individuen. Sie werden vom moralischen Akteur dadurch generiert, welche Rechte er für sich selbst in Anspruch nimmt. Die Pflichten, diese Rechte zu achten, die der Akteur sich von anderen wünscht, erlegt er gleichzeitig sich selbst auf. Somit handelt der Akteur unmoralisch, wenn er Pflichten verletzt, deren Befolgung er von anderen verlangt.

Es ist die Forderung der Moral, dass wir Rücksicht auf die Interessen anderer nehmen, selbst wenn diese noch gar nicht existieren, sondern nur möglicherweise sein werden. Die Grundfrage der Moral ist: „Was soll ich tun?" Und diese Frage stellt sich nicht in Bezug auf den Eigennutz, sondern auf das Immanente der Moral: die Rücksichtnahme auf andere empfindungsfähige Wesen, denen wir Leid zufügen könnten. Wir können zukünftigen Menschen durch unsere Handlungen Leid zufügen. Deshalb sollten wir unsere Handlungen auch auf die möglichen Interessen der zukünftig Existierenden abstimmen. Es besteht eine moralische Pflicht, unnötiges Leid zu verhindern. Das Interesse, das zukünftige Menschen möglicherweise haben werden, mag nicht denselben ontologischen Status haben wie die aktualen Interessen der gegenwärtig Existierenden, dennoch spielt es für unsere Handlungsentscheidungen dieselbe Rolle. Wie weit jemand in der Zukunft existieren wird, dessen Recht wir verletzen könnten, spielt ebenso wenig eine Rolle wie die geografische Entfernung. Die Pflicht, niemandem ein Leid zuzufügen, ist unabhängig von Raum und Zeit. Es besteht die moralische Pflicht, sich für jene Handlung zu entscheiden, die möglichst niemandem ein Leid zufügt. Natürlich kann man nicht voraussehen, welche Handlung für die zukünftigen Personen leidvoll sein wird. Doch jeder weiß selbst, welche Handlung es ist, von der er nicht wünschte, dass sie ihm widerfährt. Und somit hat jeder selbst das

5.8. Fazit

Maß zur Hand, an der er seine eigenen Taten messen kann.

Wenn nun niemand mehr gezeugt würde, würde dadurch die Verletzung jeglicher Interessen zukünftiger Menschen, deren Frustration Leid erzeugt, ausgeschlossen. Ist es somit nicht die Pflicht, empfindungsfähiges Leben, wenn möglich, zu verhindern?

Ist es also unmoralisch, sich fortzupflanzen?

Wenn man anderen ein Leid zufügt, von dem man selbst nicht will, dass es einem geschieht, dann ist dies zweifellos unmoralisch. Sofern also jemand, der sich wünscht, niemals gezeugt worden zu sein, sich fortpflanzt, handelt er unmoralisch. Denn er tut selbst, was er sich für sich selbst nicht gewünscht hat.

Wenn aber Menschen, die froh sind, gezeugt worden zu sein, sich selbst fortpflanzen, wie kann man ihnen vorwerfen, unmoralisch zu handeln? Da sie ihr eigenes Leben als lebenswert empfinden, ist es für sie nicht unmoralisch, neues Leben zu erschaffen.

6. Im Zweifel für das Nichtsein

R. M. Hare schreibt in „Abtreibung und die Goldene Regel" (1990), dass man mit der positiven Version der „Goldenen Regel" erklären könne, warum die Abtreibung von Föten, also von potenziellen Personen, ein moralisches Problem darstellt. Das Gebot lautet, dass wir anderen gegenüber so handeln sollten, wie wir es selbst wünschen, dass uns gegenüber gehandelt wird. Wenn wir also froh sind, dass der Embryo, aus dem wir uns entwickelt haben, niemand getötet hat, dann sollten wir auch anderen gegenüber so handeln. Diejenigen, die nicht froh sind, geboren worden zu sein, hätten laut Hare trotzdem einen Grund, nicht abzutreiben. Es ist vorstellbar, dass wenn sie selbst ein glückliches Leben hätten, ebenfalls froh wären, geboren worden zu sein. Das heißt, jedem Menschen ist es potenziell möglich, ein glückliches Leben zu führen. Somit sollten auch diejenigen, die ihr Leben für nicht lebenswert halten, ihren Kindern, deren Existenz zur Debatte steht, die Möglichkeit des Lebens gewähren.[21]

Nun ist es nicht zu bestreiten, dass die meisten Menschen wahrscheinlich froh sind, geboren worden zu sein. Selbst wenn die Menschen verschiedene Arten von Leid ertragen müssen,

---

[21] Vgl. Hare, R. M. (1990): Abtreibung und die Goldene Regel. In: *Um Leben und Tod: moralische Probleme bei Abtreibung, künstlicher Befruchtung, Euthanasie und Selbstmord* (S. 132–156), Frankfurt am Main: Suhrkamp. S. 138 f.

heißt dies nicht, dass sie ihr Leben nicht als lebenswert empfinden können. Kann man auch noch so viele Übel im Leben eines Menschen finden und aufzählen, so wäre die Behauptung dieses Menschen, dass er sein Leben trotz aller ihm widerfahrenen Übel für lebenswert hält, als wahr zu akzeptieren. Man möchte Hare recht geben, wenn er sagt, dass diejenigen, die ihr Leben als nicht lebenswert empfinden, ihr Leben anders beurteilen würden, hätten sie ein glücklicheres Leben gehabt. Trotzdem lässt sich daraus keine Pflicht ableiten, Menschen zur Existenz zu bringen. Denn kommt niemand zur Existenz, kann auch niemandes Interesse verletzt werden. Und da ein Embryo noch nicht das Interesse einer kontinuierlichen Existenz hat, besteht hier auch keine Pflicht, ein Interesse zu berücksichtigen.

Ein Argument gegen die Erzeugung neuen Lebens ist, dass es möglich ist, dass jede erzeugte empfindungsfähige Existenz ein leidvolles Leben hat und es aus Vorsicht unterlassen werden sollte, neues Leben zu erschaffen. Hares Argument funktioniert genau in umgekehrter Weise. Hare verweist auf das Interesse zu existieren und schließt daraus, dass wir dieses Interesse von möglichen Personen verletzen können, wenn wir sie nicht existieren lassen. Wie aber bereits an obiger Stelle gesagt, kann niemandes Interesse frustriert werden, wenn niemand existiert.

Durch diesen Umstand kommt es auch zu einer Asymmetrie. Während es eine moralische Pflicht gibt, lebensunwertes Leben zu verhindern, besteht keine moralische Pflicht, lebenswertes Leben zu erschaffen. Auf diesen Umstand werde ich in einem späteren Abschnitt weiter eingehen.

Prinzipiell mag es jeder Person möglich sein, ein lebenswertes Leben zu leben. Aber was Hare auszuklammern scheint, ist, dass eben nur die Möglichkeit besteht, eine glückliche Person zu zeugen, nicht aber die Notwendigkeit. Allein die Möglichkeit, dass eine glückliche Person entsteht, reicht nicht aus, um die Kreation zu rechtfertigen. Es besteht auch die Möglichkeit, dass eine unglückliche Person gezeugt wird, die sich wünscht, dass sie nicht wäre. Ein lebensunwertes Leben kann nicht gerechtfertigt werden, indem man darauf verweist, dass es auch hätte gut gehen können. Aufgrund der Unabsehbarkeit der Lebensqualität der möglichen Person sollte auf die Hervorbringung von Leben in jedem Fall verzichtet werden.

6.1. Lebenswert

Nehmen wir an, wir wissen, dass dieses behinderte Kind in Hares Beispiel ein leidvolles Leben haben wird. Dennoch spricht Hare nicht von einem lebensunwerten Leben. Allein die Qualität des behinderten Lebens ist niedriger als die des normalen Lebens. Die Lebensqualität einer Person kann im Vergleich mit der Lebensqualität einer anderen Person oder zu einem anderen Zeitpunkt im Leben derselben Person geringer oder höher sein. Jemandes Leben kann durch Krankheiten ein geringeres Maß an

Lebensqualität haben als das anderer Menschen. Dennoch kann dieser an Krankheiten leidende Mensch sein Leben als lebenswert erachten, während vielleicht ein gesunder Mensch mit einer vergleichsweise hohen Lebensqualität dies nicht tut. Meines Erachtens sollte zwischen Lebenswert und Lebensqualität differenziert werden.

Die Lebensqualität könnte an objektiv feststellbare Sachverhalte gekoppelt sein, zum Beispiel die Freiheit, das Leben nach eigenem Gutdünken zu gestalten, finanzielle Unabhängigkeit, Lebenserhaltungskosten o. Ä. Die Lebensqualität kann somit höher oder niedriger sein. So darf man behaupten, dass die Lebensqualität in westlichen Ländern durchschnittlich höher sein wird als in der „Dritten Welt".

Ich sehe in der Behauptung, dass es ein Mehr oder Weniger von Lebenswert gibt, allerdings ein Problem. Besser scheint mir hier eine Verabsolutierung dieses Begriffs. So könnte man sagen: Lebenswert ist das Leben, solange es von der Person, die es führt, für lebenswert befunden wird. Demgegenüber steht das lebensunwerte Leben, wenn die Person es für wünschenswert hält, sie würde nicht existieren. Das Prädikat „lebenswert" kann aber ausschließlich von der betroffenen Person selbst vergeben werden und entzieht sich aufgrund dieser reinen Subjektivität der Beurteilung durch Dritte.

Jemand könnte meinen, dass eben diese Feststellung dafür spricht, Embryonen mit Defekten nicht zu töten. Diese zukünftigen Personen könnten ihr Leben trotzdem als lebenswert empfinden. Hiergegen wende ich ein, dass wir wissen, dass es ebenfalls möglich ist, dass der zukünftige Mensch sich wünscht, niemals geboren worden zu sein. Vermeidbares Leid sollte nach Möglichkeit vermieden werden. Da im Falle eines Embryos auch noch kein Interesse auf kontinuierliche Existenz vorliegt, spräche nichts gegen eine schmerzlose Tötung.

Um dem Vorwurf vorzubeugen, dass ich mich zu sehr auf Menschen mit Behinderung und ihren möglichen Lebenswert konzentriere, sei gesagt, dass dies nur als Beispiel dient, um den Leser in eine gewisse Richtung zu führen. Ob die mögliche Person behindert ist oder nicht, spielt tatsächlich keine Rolle. Die Unsicherheit, den Lebenswert der möglichen Person betreffend, besteht in jedem Fall. Und aus diesem Grund sollte auch jedes mögliche empfindungsfähige Leben verhindert werden.

Ein absehbarer Fehler in Bezug auf den Lebenswert ist der Schluss von sich selbst auf andere. Wie schon gesagt, wird eine Erwiderung gegen die Position des Antinatalismus sein, dass man sein eigenes Leben als lebenswert empfindet und froh ist zu sein. Der Schluss vom gegenwärtigen Leben, das es wert ist, gelebt zu werden, auf das Leben, das es wert ist, gestartet zu werden, ist ein Fehlschluss.

David Benatar meint, dass eine Differenzierung innerhalb des Begriffs „Lebenswert" gemacht werden sollte. Er unterscheidet zwischen einem Leben, das es wert ist, fortgesetzt zu werden, und nennt dies einen „present-life sense", und einem Leben, das es wert ist, gestartet zu werden, und nennt dies „future-life sense".[22]

Die Urteile „Leben, das es wert ist, fortgesetzt zu werden" und „Leben, das es nicht wert ist, fortgesetzt zu werden", können ausschließlich über ein bereits begonnenes Leben gefällt werden. Ein Leben, das es wert ist, gestartet zu werden, betrifft allein mögliche Personen, also Leben, welches noch nicht existiert. Ein lebensunwertes Leben ist eines, welches es nicht wert ist, fortgesetzt zu werden. Ein lebenswertes Leben ist es wert, fortgesetzt zu werden. Benatar sieht einen Fehler darin, den „present-life sense" auf mögliche Personen anzuwenden. Er belegt seine Unterscheidung mit dem Hinweis auf Behinderungen, die ein Leben, das besteht, nicht unwert machen. Der Verlust eines Armes durch einen Unfall muss das Leben nicht unwert machen. Während solche Fälle, in denen die Lebensqualität stark gesenkt wird, dennoch das Prädikat „lebenswert" behalten können, besteht oft weniger Grund, ein Leben beginnen zu lassen, weil eine Fehlbildung vorliegt wie ein fehlender Arm. Obwohl die Einschränkung dieselbe ist, wird in diesem Fall anders bewertet, ob das Leben sein soll. Daraus folgt für Benatar, dass ein Leben, das es wert ist, fortgesetzt zu werden, nicht gleichzeitig ein Leben

---

[22] Vgl. Benatar, D. (2006): *Better never to have been – The harm of coming into existence,* Oxford: Oxford University Press. S. 22

6. Im Zweifel für das Nichtsein

ist, das es wert ist zu beginnen.[23]

Ich stimme Benatar in seiner Unterscheidung zu. Um die Position zu verteidigen, dass ein Leben es wert ist, begonnen zu werden, müsste gezeigt werden, dass es eine Wohltat für diese mögliche Person ist, wenn man sie zur Existenz bringt. Wie ich aber in der Diskussion um den Begriff der Schädigung festgestellt habe, kann es für niemanden besser sein zu existieren als nicht zu existieren, somit kann die Erschaffung von Leben niemals eine Wohltat sein. Benatar erwähnt ein Argument von Derek Parfit, welches man als Erwiderung gegen diese Position einwenden könnte.[24]

Derek Parfit schreibt, dass wenn man jemandem das Leben rettet und es auch nach der Rettung ein Leben ist, das lebenswert ist, diese Rettung als Wohltat angesehen werden kann. Wenn es aber eine Wohltat sein kann, das Leben zu retten, dann müsste es sich im Falle der Lebenserzeugung ähnlich verhalten.[25]

Diese Ansicht mag intuitiv akzeptabel sein, ist aber meines Erachtens nicht richtig. Erinnern wir uns zurück an das Rettungsbeispiel, in dem jemand vor größerem Schaden bewahrt wird. Man mag annehmen, dass der Schaden der durch die Rettung abgewendet wird, der Tod ist. Der Tod ist jedoch weder

---

[23] Vgl. Benatar, D. (2006). S. 22 f.

[24] Vgl. Benatar, D. (2006). S. 24

[25] Vgl. Parfit, D. (1992). S. 488

eine Schädigung noch ein Übel für den Betroffenen. Dass der Beginn des Lebens einer möglichen Person keine Schädigung ist, liegt an dem Umstand, dass man in diesem Fall keine zwei Zustände hat, die man vergleichen kann. Die Nichtexistenz ist die Abwesenheit jeglichen Zustands. Da der Tod wiederum die Nichtexistenz ist, kann er auch keine Schädigung sein und auch kein Übel. Auch hier kann man nicht sagen, die verstorbene Person wäre besser dran, wenn sie nicht gestorben wäre.

Epikur bringt es auf den Punkt, wenn er im Brief an Menoikeus schreibt:

> Der Tod also, das fürchterlichste aller Übel, ist uns nichts, denn solange wir sind, ist der Tod nicht da, und wenn der Tod da ist, so sind wir nicht mehr. Er ist also weder für Lebende noch für schon Gestorbene da, denn für jene ist er nicht da, und diese sind selbst nicht da.[26]

Nicht zu verwechseln ist der Tod mit dem Sterben. Das Sterben ist ein Prozess, bei dem das Individuum noch existiert. Das heißt, dass das Sterben durchaus eine Schädigung sein kann und ein Übel. Deshalb kann es durchaus vernünftig sein, sich das Leben selbstbestimmt und schmerzlos zu nehmen, um ein hoffnungsloses Dahinsiechen zu beenden. Behält man diese

---

[26] Epikur. (2007): Brief an Menoikeus. In: V. Thielen & K. Thiel (Hrsg.), *Klassische Texte zum Glück* (S. 39–43), Berlin: Parodos. S. 40

6. Im Zweifel für das Nichtsein

Ansicht, dass der Tod kein Übel ist, konsequent bei, so ist es auch nicht notwendigerweise eine Schädigung, jemandes Leben nicht zu retten. Beispielsweise könnte sich eine verunglückte Person bereits in einem bewusst- und empfindungslosen Zustand befinden. Diese Person sterben zu lassen, ist für die Person selbst keine Verschlechterung des Zustandes. Tatsächlich könnte es sogar sein, dass die Person nach einer Wiederbelebung einen physischen Schaden davonträgt und das weitere Leben dadurch schlechter ist, als es vor dem Unfall war. Ich sehe keinen Widerspruch in dieser Ansicht, mag sie auch der gesellschaftlichen Konvention missfallen. Das Nichtsein ist kein übler Zustand. Es ist gar kein Zustand.

Arthur Schopenhauer schreibt:

> Wenn was uns den Tod so schrecklich erscheinen läßt der Gedanke des *Nichtseyns* wäre; so müßten wir mit gleichem Schauder der Zeit gedenken, da wir noch nicht waren. Denn es ist unumstößlich gewiß, daß das Nichtseyn nach dem Tode nicht verschieden seyn kann von dem vor der Geburt, folglich auch nicht beklagenswerther. Eine ganze Unendlichkeit ist abgelaufen, als wir *noch nicht* waren: aber das betrübt uns keineswegs.[27]

Wenn der Tod keine Schädigung sein kann, dann ist auch eine Tötung keine Schädigung, sofern sie zu keinem Zeitpunkt das Leben der Person verschlechtert. Nun wird man sagen, dass die

---

[27] Schopenhauer, A. (2009). S. 840

Tötung, wenn schon keine Schädigung, so doch eine Rechtsverletzung ist. Das Recht auf Leben wird verletzt.

6.2. Recht auf Leben

In der Debatte um das Lebensrecht von Embryonen spielt das sogenannte Tutiorismusargument eine Rolle. Tutiorismus heißt, dass man sich im Zweifel für die sichere Alternative entscheidet. Das Argument besagt

> [...], daß in Situationen, in denen guter Zweifel darüber besteht, ob ein Wesen in den Anwendungsbereich eines moralischen Gebotes fällt, davon ausgegangen werden muß, daß es sich so verhält, wenn die gegenteilige Annahme und die mit ihr vielleicht verbundenen positiven Auswirkungen in keinem akzeptablen Verhältnis zum moralischen Schaden stehen, der entstünde, würde man jene Annahme nicht machen.[28]

Dieses Argument wird für gewöhnlich benutzt, um das Lebensrecht von Embryonen zu verteidigen. Ist man sich nicht sicher, ob Embryonen Rechte haben, die durch ihre Tötung verletzt werden könnten, sollte man aus Vorsicht annehmen, dass durch einen Abort Rechte verletzt würden und somit sollte man von eben dieser Tötung Abstand nehmen.

Aus Vorsicht ein Recht annehmen bei gleichzeitiger

---

[28] Damschen, G. & Schönecker, D. (2003): In dubio pro embryone. Neue Argumente zum moralischen Status menschlicher Embryonen. In: *Der moralische Status menschlicher Embryonen* (S. 187–267), Berlin: de Gruyter. S. 253

6. Im Zweifel für das Nichtsein

Unsicherheit, ob ein Interesse vorliegt, welches konstitutiv für den Rechtsanspruch wäre, scheint in vielen Fällen durchaus vernünftig, will man unnötiges Leid vermeiden. Man denke an die Tierrechte. Welche Interessen Tiere haben, können wir nur mit unbestimmter Gewissheit annehmen. Mit dem Fokus auf mögliche Übel, die vermieden werden könnten, ist es aber moralisch gut und sinnvoll, den Tieren mehr Rechte zuzuerkennen, als es nötig scheint, beziehungsweise uns selbst damit mehr Pflichten aufzuerlegen.

Im Falle des Embryonen stellt sich allerdings die Frage, warum der Erhalt des Lebens des Embryos als sichere Alternative angenommen wird. Ist die Fähigkeit zur Empfindung noch nicht vorhanden, so ist es auch nicht nötig, aus Vorsicht ein Recht anzunehmen. Ist die Fähigkeit zur Empfindung vorhanden oder besteht nur der Hauch einer Möglichkeit, dass diese Fähigkeit vorhanden ist, dann sollte zweifellos aus Vorsicht das Interesse des Lebewesens, negative Empfindungen nicht wahrzunehmen, angenommen werden. Insofern ist es sinnvoll, die Schmerzfreiheit, sei der Schmerz physisch oder psychisch, als Recht zuzuerkennen. Im Falle von Embryonen oder auch Tieren ist es aber fraglich, ob man überhaupt ein Recht auf Leben annehmen kann.

„Recht auf Leben" ist tatsächlich eine schlechte Bezeichnung. Wie Michael Tooley in „Abtreibung und Kindstötung" (1990) schreibt, legt der Ausdruck „Recht auf

Leben" nahe, dass ein Recht auf fortdauernde biologische Existenz bestünde. Angenommen aber, wir hätten die Möglichkeit, die Persönlichkeit eines Menschen spontan und völlig zu verändern, Erinnerungen, Überzeugungen, Persönlichkeitsmuster usw. wären nun völlig verschieden. In diesem Fall wurde die bisher bestehende Persönlichkeit zerstört, obwohl der Körper unbeschadet weiterexistieren kann. Trotzdem würde man in diesem Fall wohl sagen, dass das Lebensrecht verletzt worden ist. Dieses Beispiel zeigt, dass der Ausdruck „Recht auf Leben" unpräzise ist. Was man eigentlich zu verteidigen sucht, ist das Interesse eines Wesens an kontinuierlicher Existenz.[29] Um ein Interesse an kontinuierlicher Existenz zu haben, ist es nötig, ein Bewusstsein von sich selbst zu haben, so Tooley. Er betrachtet weiter die Beziehung zwischen Rechten und Interessen. Es gibt Situationen, aus denen man schließen kann, dass man das Recht einer Person nicht verletzen kann, wenn die Person nicht ein dahingehendes Interesse hat. Tooley ermittelt drei Arten von solch speziellen Situationen: Verwirrung, Bewusstlosigkeit und Indoktrination. Zur ersten Art nennt Tooley das Beispiel einer Depression. Der Mensch, der in eine Depression verfällt, wünscht sich in diesem Beispiel, nicht mehr zu leben. Der behandelnde Arzt gelangt zur Ansicht, dass es

---

[29] Vgl. Tooley, M. (1990): Abtreibung und Kindstötung. In: *Um Leben und Tod: moralische Probleme bei Abtreibung, künstlicher Befruchtung, Euthanasie und Selbstmord* (S. 157–195), Frankfurt am Main: Suhrkamp. S. 166

6. Im Zweifel für das Nichtsein

keine Verletzung des Lebensrechts darstellt, den Patienten zu töten, und tötet ihn. Will man behaupten, dass die Tat des Arztes unmoralisch gewesen ist, dann muss gezeigt werden, warum das Recht auf fortdauernde Existenz nicht mit den aktualen Interessen des Patienten verbunden ist, denn dieser hegt ja keinen Wunsch auf weitere Existenz. Er wünscht sich sogar, nicht mehr zu leben.[30]

Die Situation der Bewusstlosigkeit bedeutet ebenfalls die Abwesenheit von Interessen. Ist das Bestehen eines Rechts an das Vorliegen von Interessen geknüpft, dann wäre es auch in diesem Fall keine Rechtsverletzung, wenn man die bewusstlose Person tötet, da ja aktual keine Interessen bestehen.

Die dritte Situation, in der eine Person indoktriniert wird beziehungsweise so manipuliert, dass sie kein Interesse auf fortdauernde Existenz hat, ergibt dasselbe Problem. Diese Situationen legen laut Tooley nahe, dass der Rechtsbegriff abgeändert werden muss. Wie diese revidierte Analyse des Rechtsbegriffes genau aussehen sollte, ist nicht klar. Die geschilderten Fälle zeigen aber, dass der Rechtsbegriff dahingehend geändert werden muss, dass ein aktuales Interesse nicht notwendigerweise vorliegen muss, um ein Recht zu verletzen, so Tooley.[31]

---

[30] Vgl. Tooley, M. (1990). S. 167 f.

[31] Vgl. Tooley, M. (1990). S. 168 f.

6. Im Zweifel für das Nichtsein

Ich stimme Tooley zu, dass es präziser ist, von einem Interesse auf kontinuierliche Existenz zu sprechen anstatt von einem Recht auf Leben. Wenn ich also im weiteren Text von einem Recht auf Leben spreche, meine ich damit eben jenes Recht auf kontinuierliche Existenz.

Die Analyse, dass ein Interesse nicht aktual vorliegen muss, um ein Recht zu begründen, würde ich dahingehend korrigieren, dass durch das Fehlen eines Rechtsträgers zwar noch kein Rechtsanspruch gestellt werden, aber trotzdem bereits eine Pflicht bestehen kann. Denn das Recht, welches man anderen zuspricht, wird nicht durch die Existenz anderer begründet, sondern durch den Akteur selbst, der sich fragt, wie er handeln sollte. Man denke an zukünftige Generationen, deren Interessen aktual nicht sind, jedoch sein werden, und wir deshalb aus moralischen Gründen verpflichtet sind, die zukünftigen Interessen möglichst nicht zu verletzen. Auch wenn zukünftige Generationen aufgrund ihrer Nichtexistenz in der Gegenwart keine Rechte haben können, so besteht trotzdem eine Pflicht für uns, zukünftige Verletzungen von Interessen und Rechten möglichst zu vermeiden.

Die speziellen Fälle, die Tooley nennt, sprechen meines Erachtens nicht dafür, den Rechtsbegriff abzuändern. Es entspricht wohl der Intuition der meisten Menschen, dass auch ein Schlafender oder bewusstloser Mensch ein Recht hat, obwohl kein aktuales Interesse vorliegt. Ich möchte hier allerdings widersprechen. Wie bereits an früherer Stelle gesagt, bestehen zwar Pflichten gegenüber dem Bewusstlosen, allerdings nur insofern, dass zukünftige Interessen nicht verletzt werden. Sollte der Bewusstlose nie wieder in den Zustand zurückkehren, in dem er seine Interessen als verletzt ansehen könnte, dann können auch keine Interessen verletzt werden und somit kann auch keine Pflicht bestehen, auf Interessen zu achten, die nie sein werden. Zwar ist das intuitive Gefühl, dass man ein Recht verletzt, verständlich und es zeigt, dass man über einen moralischen Kompass verfügt, dieser Kompass muss aber ständig durch die Vernunft geprüft werden. Sich allein auf die Intuition zu verlassen, was gut und was schlecht ist, mag vielleicht für das eigene Gewissen gut sein, jedoch kann es nicht im Sinne einer Moral sein, die versucht, Widersprüche zu vermeiden. So kann es durchaus sein, dass uns die Vernunft befiehlt, Dinge zu tun, die unser Gewissen belasten, die jedoch moralisch nicht verwerflich beziehungsweise sogar moralisch gut sind.

Ich stimme also nicht zu, dass der Rechtsbegriff geändert werden sollte, wie jemand aus Tooleys Beispielen schließen könnte. Vielmehr zeigt die Diskussion, dass die Annahme eines Rechtes auf kontinuierliche Existenz, ohne dass ein tatsächliches Interesse vorliegt wie im Falle des depressiven Patienten, zu absurden und unmoralischen Schlüssen führt. Ein Recht auf Leben darf nicht abgetrennt sein vom tatsächlichen Subjekt, das ein solches Interesse vielleicht gar nicht hat. So würde aus dem Recht auf Leben eine Pflicht auf Leben.

Genau wie alle anderen Rechte muss das Recht auf kontinuierliche Existenz mit den Interessen des Subjektes notwendigerweise verbunden sein und darf diesen Interessen nicht widersprüchlich gegenüberstehen.

Ein Recht auf Leben anzunehmen im Falle von Lebewesen, die kein Selbstbewusstsein besitzen, ist abwegig. Ein Interesse auf kontinuierliche Koexistenz setzt ein gewisses Maß an Bewusstsein über das eigene Selbst und ein Verständnis über den Verlauf der Zeit voraus. Ein Wesen, das kein Verständnis von Zeit hat, kann auch keine Wünsche in Bezug auf seine eigene Zukunft haben.

Obiges sollte gezeigt haben, dass im Falle von zweifellos interessenlosen Wesen die Bezugnahme auf das Recht auf Leben, welches verletzt werden könnte, fehlgeht. Das heißt, man kann kein Recht auf Leben verletzen, wenn man einen möglichen Menschen nicht zeugt.

7. Die Asymmetrie zwischen Existenz und Nichtexistenz

Ben Bradley zeigt in seinem Artikel „Asymmetries in Benefiting, Harming and Creating" (2013) anhand eines Beispieles, dass *„Failing to procreate when one´s offspring would be badly off is preventing harm, and there is a strong duty to do it; procreating when one´s offspring would be well off is merely benefiting, and is morally optional."*[32]

In dem Beispiel von Bradley verfügt „Dr. A" über eine Blastozyste, zwei Petrischalen und einen Mülleimer. Vorausgesetzt wird, dass wir nicht bereits die Blastozyste als Person mit dementsprechenden Rechten ansehen, um andere moralische Probleme in dem Beispiel auszuschließen. In der Petrischale 1 würde die Blastozyste zu einem Menschen heranreifen, der absolut glücklich ist. In Petrischale 2 würde ein absolut unglücklicher Mensch entstehen. Man wird nun sagen, dass es gute Gründe gibt, die Blastozyste nicht in die Petrischale 2 zu geben. Es wäre sogar eine ausgesprochen sadistische Tat, ein Leben zu erschaffen, von welchem feststeht, dass es leidvoll sein wird. Hier ist die Vermeidung des Leides einer Person der gute Grund, die Handlung zu unterlassen.

Wie sieht es aber mit den weiteren zwei

---

[32] Bradley, B. (2013): *Asymmetries in Benfiting, Harmin and Creating. Journal of Ethics* (17). S. 39

Handlungsmöglichkeiten aus? Ist die Prämisse der Handlung, kein Leid entstehen zu lassen, so verhalten sich die Handlungen der Entsorgung und die Prokreation des glücklichen Menschen zueinander gleich. Es entstünde kein Leid, wenn der Mensch gezeugt würde, da ja feststeht, dass er ein absolut glückliches Leben haben wird. Die Blastozyste in den Müll fallen zu lassen, und keine prokreative Handlung zu vollziehen, wäre ebenfalls moralisch zulässig, denn auch hier entstünde kein Leid. Das Beispiel zeigt, dass zwar eine moralische Verpflichtung besteht, Leben, das mit Gewissheit leidvoll sein wird, nicht zu erzeugen. Im Gegensatz dazu besteht aber keine moralische Verpflichtung, Leben, das glücklich sein wird, zu erzeugen.[33]

Um eine solche Pflicht zu schaffen, müsste man weitere Gründe anführen. Diese Gründe lägen dann aber in jedem Fall außerhalb der Existenz dieses möglichen Menschen. Es liegt kein intrinsischer Wert in der Existenz dieses glücklichen Menschen, sondern der Wert liegt in der leidminimierenden beziehungsweise glücksmaximierenden Funktion seiner Existenz für andere. Beispielsweise könnte dieser zukünftige Mensch eine Glückssteigerung in der Gesellschaft verursachen.

Tatsächlich gibt es Fälle, in denen Menschen zu diesem Zweck gezeugt werden. Sogenannte „Rettungsgeschwister" sind Kinder, die mittels Präimplantationsdiagnostik ausgewählt

---

[33] Vgl. Bradley, B. (2013). S. 38

werden, um einen genetisch geeigneten Spender für ihre bereits lebenden Geschwister abzugeben. Man nehme an, dass ein Elternpaar vor der Entscheidung steht, ein solches Kind zu erzeugen, um ein bereits geborenes Kind zu retten. Wüssten die Eltern, dass das Rettungskind mit absoluter Sicherheit ein völlig glückliches Leben haben wird, so ist die Handlung nicht nur moralisch erlaubt, sondern sie ist sogar moralisch geboten. Denn da kein neues Leid erzeugt wird und zusätzlich das bestehende Leid des bereits existierenden Kindes vermindert wird, hätte man die Pflicht, das Kind zu zeugen.

Dieses Beispiel zeigt, dass auch Fälle kreiert werden können, in denen eine Prokreation sogar moralisch gefordert ist. Vorausgesetzt ist aber immer das Wissen, dass das gezeugte Wesen ein lebenswertes Leben haben wird.

Realiter wird diese Rechtfertigung nichts taugen. Denn ob die mögliche Person glücklich oder unglücklich sein wird, darüber kann nur spekuliert werden. Niemand kann voraussehen, ob das Leben des zukünftigen Wesens glücklich sein wird. Und eben dies ist die Barriere, die Befürworter der Kreation neuen Lebens überwinden müssen, um die moralische Güte dieser Tat zu erweisen. Da es keine Möglichkeit gibt, die Güte des Lebens vorauszusagen, müssen andere Argumente gefunden werden, um die Prokreation moralisch zu rechtfertigen. Diese Argumente müssen zeigen, warum es moralisch zulässig ist, dem möglichen Menschen das Risiko eines lebensunwerten Lebens aufzubürden.

8. Leidminimierung

Ein Argument, das für die Erzeugung neuen Lebens spricht, basiert auf dem Umstand, dass es die Aufgabe der Moral ist, das Glück zu befördern und das Leid zu mindern. Eine Moral, die als Priorität die Leidminimierung setzt, ist in letzter Konsequenz eine lebensfeindliche Moral. Wird kein neues Leben erzeugt, verfehlt diese Handlungsweise aber das moralische Ziel der Glücksmaximierung. Es müsste also gezeigt werden, dass der Leidminimierung gegenüber der Glücksmaximierung ein Vorrang einzuräumen ist.

David Benatar meint, dass es einen wesentlichen Unterschied zwischen Glück und Leid gibt. Während (1) die Präsenz von Leid schlecht ist, ist (2) die Präsenz von Glück gut. (3) Die Abwesenheit von Leid ist gut, selbst wenn es niemanden gibt, der in den Genuss dieser Abwesenheit kommt. (4) Die Abwesenheit von Glück ist nicht schlecht, es sei denn für *jemanden* ist diese Abwesenheit schlecht.

Ein Einwand könnte hier sein, dass die Abwesenheit von Leid für niemanden gut sein kann, wenn es niemanden gibt, der in den Genuss dieser Abwesenheit kommt. Benatar erwidert, dass man dies durchaus sagen kann, da in (3) etwas ausgesagt wird über den kontrafaktischen Fall, in dem eine Person, die aktual existiert, niemals existiert hat. Wenn wir die Existenz einer möglichen Person verhindern, wissen wir nicht, welche Identität die mögliche Person gehabt hätte, wir können aber sagen, dass die Abwesenheit von Leid gut ist, wenn man die potenziellen Interessen der möglichen Person bedenkt.[34]

Um das Urteil zu fällen, dass etwas gut oder schlecht ist, muss jemand da sein, der urteilt. Und wenn man sagt, es sei gut für jemanden, nicht zu sein, dann scheint diese Aussage absurd. Aber wir können natürlich sagen, dass wenn X geworden wäre, X sein Leben möglicherweise für schlecht befunden hätte und sich wünschen würde, nicht zu sein. Dieses Urteil fällen wir aus der Perspektive des Beobachters. Zwar kann man aus dieser Perspektive nicht urteilen, ob ein konkreter Zustand für jemanden gut oder schlecht ist. Doch kann man sagen, dass die Empfindung des Leids in jedem Fall schlecht ist. Leid ist an sich nicht wünschenswert. Die negative Empfindung ist die Essenz des Leides ebenso, wie das Essentielle des Guten die positive Empfindung ist. Eine Definition von Leiden, die meines Erachtens treffend ist, stammt von Fabian Fricke. Er schreibt:

> Als Leid hat jeder mentale Zustand zu gelten, dem gegenüber wir ablehnend eingestellt sind, bei dem wir es also vorziehen würden, ihn nicht erleben zu müssen.[35]

Da Leid per Definition eine nicht wünschenswerte und zu

---

[34] Vgl. Benatar, D. (2006). S. 30 f.

[35] Fricke, F. (2002): *Verschiedene Versionen des Negativen Utilitarismus. Kriterion* (15). S. 13–27. S. 16

8. Leidminimierung

vermeidende Empfindung ist, wissen wir auch, dass jedes mögliche empfindungsfähige Wesen dieser Empfindung ablehnend gegenüber steht. Wir wissen nicht, welcher konkrete Zustand diese Empfindung auslöst. Wir wissen aber, dass, um Leid zu empfinden, ein eben solches empfindungsfähiges Wesen nötig ist. Wenn also kein solches Lebewesen existiert, kann auch kein Leid sein.

Eine Asymmetrie findet sich bei Entscheidungen, in denen wir vor die Wahl von Leidminimierung und Glücksmaximierung gestellt werden.

Angenommen, wir werden Zeugen eines Unfalls. Eine Person ist schwer verletzt und schreit vor Schmerz, eine andere hat nur eine wenig schmerzhafte Abschürfung. Glücklicherweise haben wir eine Dosis Morphium dabei. Welcher der beiden verunglückten Personen sollten wir diese Dosis verabreichen?

Die Frage scheint leicht zu beantworten, denn selbstverständlich würde man diejenige Person bevorzugen, die unter den stärkeren Schmerzen leidet. Abgesehen von der intuitiv richtig scheinenden Handlung, der schwerer leidenden Person zu helfen, kann diese Handlung auch mit Vernunft begründet werden.

Es gibt die ethische Position, die als klassischer Utilitarismus bekannt ist. Dieser klassische Utilitarismus postuliert eine Abwägbarkeit von Glück und Leid. Im klassischen

8. Leidminimierung

Utilitarismus werden die Handlungen nach ihren Folgen beurteilt. Der Utilitarismus ist also eine konsequenzialistische Ethik. Er versucht, ein Kriterium zu liefern, das es uns ermöglicht, zwischen verschiedenen Handlungsalternativen rational zu entscheiden. Der Maßstab, nach dem die Folgen beurteilt werden, ist der Nutzen für das Ziel, welches erreicht werden soll. Das Ziel ist die Maximierung des Glückes. Meine Ziele können verschieden sein, je nach dem, was für mich gerade Glück ist. Ist mein Ziel, mich zu bereichern, so kann die beste Handlungsalternative sein, andere Menschen um ihr Hab und Gut zu bringen, gleich mit welchen Mitteln. Dieses Konzept ist allerdings nicht utilitaristisch. Hier handelt es sich um reinen Zweckrationalismus. Der Zweckrationalismus ist das Handlungskonzept des rationalen Egoisten, jedoch nicht des klassischen Utilitaristen. Der Utilitarismus erhebt den Anspruch, ein ethisches Model zu sein. Insofern ist sein Ziel „das Gute", aber nicht nur das Gute des Akteurs, sondern das größte Gute für die größte Zahl. Eine systematische Ausarbeitung dieses ethischen Models findet man bei Jeremy Bentham.[36] Laut Bentham sind Leid und Freude die zwei Gebieter der Menschen. Sie bestimmen, was wir tun sollen beziehungsweise werden.

---

[36] Vgl. Höffe, O. (1975): *Einführung in die utilitaristische Ethik: klassische und zeitgenössische Texte* (O. Höffe, Hrsg.), München: C. H. Beck. S. 11

8. Leidminimierung

Bentham schreibt:

> Das *Prinzip der Nützlichkeit* erkennt dieses Joch an und übernimmt es für die Grundlegung jenes Systems, dessen Ziel es ist, das Gebäude der Glückseligkeit durch Vernunft und Recht zu errichten.[37]

Im Fokus der Beurteilung steht führ Bentham das Glück der Gruppe. Wenn zwei Handlungen dieselbe kollektive Glückssumme hervorbringen, dann sind sie nach klassischem, nicht-personenbezogenem Utilitarismus beide moralisch gleichwertig. Am besten lässt sich das Beispiel mit Zahlen veranschaulichen. Angenommen, eine Gesellschaft hätte 100 Mitglieder. Weiters nehmen wir an, Glück und Leid ließen sich quantifizieren. Der Ausgangszustand ist der Status quo und der Zahlenwert dieses Zustandes sei 0. Nun nehmen wir an, man könnte zwei Handlungen setzten, um das Niveau zu steigern. Die erste Handlung hätte zur Folge, dass das Glück von einer Person gesamt um 100 Punkte gesteigert würde, während das Glück von 99 Personen stagniert. Das heißt, die Glücksbilanz nach der Handlung würde in der Gesellschaft um 100 Punkte steigen. Die alternative Handlung hätte ebenfalls eine Steigerung von 100 Punkten zur Folge, jedoch würde das Glück jeder einzelnen Person nur um 1 Punkt steigen. Nach klassischem Utilitarismus wären beide Handlungen gleichermaßen gut.

Der klassische Utilitarismus kann Handlungen als moralisch

---

[37] Höffe, O. (1975). S. 35

gut oder als moralisch gleichwertig beurteilen, die wir intuitiv ablehnen würden, zum Beispiel einen Menschen zu opfern, um zwei andere zu retten. Daher dienen auch meist Beispiele, die eine solch intuitiv absurde Schlussfolgerung ergeben, als Argumente gegen den Utilitarismus.

Begeben wir uns zurück zu unserem Beispiel mit den zwei Verunglückten. Wir nehmen an, die Dosis Morphium würde das Glück beider Personen um denselben Wert anheben. Die Gesamtbilanz würde also in jedem Fall denselben Wert aufweisen, ganz gleich, wem wir die Dosis verabreichen. Dem leichter Verletzten die Dosis zu verabreichen, wäre also nach klassischem Utilitarismus nicht unmoralisch, sondern moralisch äquivalent mit der alternativen Handlung. Diese Ansicht ist stark kontraintuitiv. Man hat das Gefühl, dass der klassische Utilitarismus mit dem Prinzip der Maximierung der Glückssumme am moralisch korrekten Ziel vorbeigeht. Der Grund ist, dass für uns die Minimierung des Leides einen Vorrang gegenüber der Maximierung des Glückes hat.

8.1. Negativer Utilitarismus

Karl R. Popper schreibt in einer Anmerkung in „Die offene Gesellschaft und ihre Feinde" (1980):

> Ich glaube, daß vom ethischen Standpunkt aus betrachtet keine Symmetrie zwischen Freuden und Leiden oder zwischen Lust und Schmerz besteht. [...] Meiner Ansicht nach [...] enthält das

8. Leidminimierung

menschliche Leiden einen direkten moralischen Appell, nämlich den Appell zu helfen, während keine ähnliche Nötigung besteht, das Glück oder die Freude eines Menschen zu vermehren, dem es ohnehin gut geht. [...] Vom moralischen Standpunkt aus betrachtet, läßt sich aber Schmerz nicht durch Glückseligkeit aufwiegen, insbesondere nicht der Schmerz des einen Menschen durch die Glückseligkeit eines anderen. Statt der größten Glückseligkeit für die größte Zahl sollte man – etwas bescheidener – das kleinste Maß an vermeidbarem Leid für alle fordern; und man sollte weiterhin verlangen, daß unvermeidbares Leid, wie Hunger in Zeiten eines unvermeidlichen Mangels an Nahrungsmitteln – möglichst gleichmäßig verteilt werde. [...] Es trägt zur Klarheit auf dem Gebiet der Ethik wesentlich bei, wenn wir unsere Forderungen negativ formulieren, d. h. wenn wir die Beseitigung des Leides, nicht aber die Förderung des Glücks verlangen.[38]

R. N. Smart griff diese Anmerkung Poppers auf und schrieb seinen Artikel „Negative Utilitarianism" (1958) als Erwiderung auf Popper. Smart stellt in diesem Artikel fest, dass das Problem eines solchen „negativen Utilitarismus" in seinen stark kontraintuitiven Folgen liegt und es sich deshalb niemals um eine ernstzunehmende Ethik handeln kann. Diese kontraintuitiven Folgen erklärt Smart an folgendem Beispiel: Angenommen, ein Herrscher verfügt über eine Waffe, die fähig ist, die menschliche Rasse plötzlich und schmerzlos zu vernichten. Würden die

---

[38] Popper, K. R. (1980): *Die offene Gesellschaft und ihre Feinde. 1. Der Zauber Platons,* München: A. Francke. S. 387–388

bestehenden Leben weitergelebt, würden auch irgendwann Leiden auftreten. Ist also die moralische Maxime, Leiden zu verhindern, so würde daraus folgen, dass der Herrscher die moralische Pflicht hat, die Waffe zu benutzen, um die Menschheit zu vernichten und so zukünftige Leiden zu verhindern.

Smart schreibt, dass so eine Handlung zweifellos verrückt sei. Betrachtet man den negativen Utilitarismus weiters in Bezug auf Mord und Abtreibung, so müsste schmerzloses Töten als eine Wohltat für das Opfer angesehen werden. Freilich würde der Tod bei den Anverwandten Trauer hervorrufen und auch die Gesellschaft würde ohne weitere Richtlinien im Chaos versinken. Doch mit Richtlinien für ein kontrolliertes Töten und der Erkenntnis der Hinterbliebenen, dass ihre Trauer irrational ist und sie eigentlich froh sein sollten, dass der Getötete nun kein Leid mehr ertragen muss, könnte ein kontrolliertes Töten eine rechtfertigbare Praxis sein. Weiters könnte man so weit gehen, kleinere Leiden, die der gewaltsame Tod verursachen würde, dem größeren Leiden des gesamten Lebens gegenzurechnen. So würde der Schmerz eines Messers im Rücken die Summe der Schmerzen des Opfers, die es im weiteren Leben noch erleiden müsste, zweifellos aufwiegen.[39]

Es ist verständlich, wenn Smart schreibt, dass die Handlung des Herrschers, der die Menschheit auslöscht, verrückt erscheint.

---

[39] Vgl. Smart, R. N. (Oktober 1958): Negative Utilitarianism. *Mind*. S. 542–543

8. Leidminimierung

Das Beispiel zeigt, dass eine Ethik der Leidminimierung in letzter Konsequenz eine lebensfeindliche Ethik ist. Töten wird in dieser Ethik zu einer moralischen Pflicht. Die Konvention schreibt das genaue Gegenteil vor. Töten scheint intuitiv als eine der unmoralischsten Handlungen, die getan werden kann. Geht man davon aus, dass eine Moral die Aufgabe hat, ein gutes Leben zu ermöglichen, so ist es verständlich, warum Smart der Meinung ist, dass der negative Utilitarismus niemals eine ernstzunehmende Ethik sein kann. Der negative Utilitarist stellt nicht das gute Leben in den Mittelpunkt seiner Ethik, sondern die Auslöschung des Leidens. Allerdings mag diese Ethik nur für jene einen Widerspruch bergen, die in dem Begriff Ethik einen Wegweiser zum guten Leben verstanden haben wollen. Der negative Utilitarist erkennt und akzeptiert den Umstand, dass Leben und Leiden miteinander verbunden sind, und entschließt sich zum ultimativen Schluss, das Leben zu verneinen. Es ist also leicht verständlich, warum jemand meint, dass der negative Utilitarismus keine ernstzunehmende Ethik sein kann. Aber allein das Unverständnis der meisten für den negativen Utilitarismus ist kein Argument gegen dieses ethische Konzept. Auch Rechte für Tiere rufen in Gesellschaften, in denen Tiere reine Nutzgegenstände sind, Unverständnis hervor. Die Beurteilung eines ethischen Konzepts muss fernab von gesellschaftlichen Konventionen stattfinden.

8. Leidminimierung

In der Tat ist meines Erachtens ein gewichtiger Kritikpunkt am negativen Utilitarismus, dass der negative Utilitarist meinen könnte, der Schmerz eines Messers im Rücken wiegt geringer als die kumulierten Schmerzen des ganzen Lebens. Somit könnten schmerzhafte Tötungen gerechtfertigt werden. Der negative Utilitarist kann diesen Schluss nicht wollen, denn seine oberste Maxime ist es, jegliches Leid zu vermeiden. Die Auslöschung allen empfindungsfähigen Lebens ist der ultimative Weg, dies zu bewerkstelligen. Das Beispiel des apokalyptischen Herrschers trägt diesem Umstand Rechnung. Im Beispiel wird darauf hingewiesen, dass es ein plötzlicher und schmerzloser Tod wäre, würde die Weltuntergangswaffe aktiviert. Nicht die Auslöschung des Lebens steht im Mittelpunkt dieser Ethik, sondern die Auslöschung des Leids. Die Auslöschung des Lebens ist nur Mittel zum Zweck. Da aber der negative Utilitarist jegliches Leid verhindern will, kann er nicht wollen, dass ein Lebewesen leidvoll getötet wird, selbst wenn die kumulierten Schmerzen des gesamten Lebens mehr wiegen würden. Vielleicht führt hier der Begriff des Utilitarismus in die Irre. Denn damit verbindet man gewöhnlich die Möglichkeit des gegeneinander Abwiegens. Die Frage ist, ob der negative Utilitarismus es überhaupt zulässt, dass abgewogen wird, oder ob im Sinne eines Vorrangprinzips immer die schlechteste Position verabsolutiert wird. Das heißt, dass immer jener Person zuerst geholfen werden sollte, welcher es am schlechtesten geht. Selbst wenn man mit den Ressourcen, die man für die Hilfe des Schlechtestgestellten verwendet, vielen anderen Personen mehr helfen könnte. Dieses Prinzip wird noch an späterer Stelle behandelt werden.

8.2. Töten ist nicht unmoralisch

Der Schluss, dass der Schmerz des Messers weniger wiegt als der Schmerz des gesamten Lebens, mag richtig sein, ist jedoch kein Argument für die schmerzhafte Tötung eines Menschen. Richtig ist jedoch, dass eine Tötung ohne Leiden vom negativen Utilitarist befürwortet würde. Ohne Leiden bedeutet nicht nur, dass die Tötung schmerzfrei ist, sondern dass das betroffene Subjekt auch nicht über die bevorstehende Tötung Bescheid weiß, um so psychische Leiden zu vermeiden beziehungsweise eine Verletzung des Rechtes auf kontinuierliche Existenz.

Die Tötung an sich ist nicht unmoralisch. Wird durch eine Handlung kein Leid hervorgerufen, kann sie auch nicht als unmoralisch gelten. Es wird auch kein Recht dieser Person verletzt, wenn sie getötet wird. Dies mag absurd erscheinen, denn selbstverständlich hat eine Person für gewöhnlich ein Interesse auf kontinuierliche Existenz.

Wie kann es sein, dass dieses Recht auf Leben nicht verletzt wird, wenn eine Person getötet wird?

Die Antwort finden wir bei der Grundlage des Rechtes und der Voraussetzung für dessen Verletzung. Ein Recht benötigt als Grundlage ein aktuales Interesse. Ein Recht wird dann verletzt, wenn das entsprechende Interesse frustriert wird. Das heißt, das Interesse ist nach wie vor da, seine Erfüllung ist aber offenbar nicht möglich. Beispielsweise kann das Recht auf Autonomie verletzt werden, wenn eine Person versklavt wird. Die Person hat nach wie vor ein Interesse, ein selbstbestimmtes Leben zu führen, ist aber dazu nicht mehr in der Lage. Das Interesse wurde frustriert und damit das Recht dieser Person verletzt. Die Person leidet durch diesen Zustand, deshalb ist die Versklavung dieser Person unmoralisch.

Angenommen, jemand hat kein Interesse an einem selbstbestimmten Leben. In diesem Fall wäre eine Frustration des Interesses auf Autonomie auch nicht möglich, da das Interesse nicht vorhanden ist. Insofern kann auch keine Rechtsverletzung stattgefunden haben.

Auf dieselbe Weise verhält es sich im Falle des Rechtes auf Leben. Das Interesse, kontinuierlich zu existieren, kann durch die Tötung nicht frustriert werden. Die Tötung bedeutet die gleichzeitige Auslöschung des Interesses. Um ein Interesse zu frustrieren und damit ein Recht zu verletzen, ist aber das Vorhandensein des Interesses eine Bedingung. Ein Recht auf Leben kann also nur solange verletzt werden, solange die Person auch existiert. Insofern kann ein Recht auf Leben durch die Tötung niemals verletzt werden.

Sehr wohl kann das Interesse verletzt werden, wenn die Person Wissen darüber erlangt, dass sie getötet werden würde. In diesem Fall ist das Interesse vorhanden, wird aber durch das Wissen der bevorstehenden, nicht gewünschten Tötung frustriert.

Der negative Utilitarist würde einer Tötung, die Leiden verursacht, nicht zustimmen. Smart hat jedoch recht, wenn er schließt, dass, sofern die Tötung leidensfrei wäre und auch andere von der Handlung Betroffene kein Leid verspüren, zum Beispiel Anverwandte und Gesellschaft, der negative Utilitarist diese Praxis befürworten würde. Smart hat jedoch Unrecht, wenn er sagt, dass die Tötung als Wohltat angesehen werden kann. Es kann weder eine Wohltat noch eine Schädigung für eine Person sein, wenn sie getötet wird. Die Nichtexistenz kann für jemanden, der nicht ist, weder als besser noch als schlechter angesehen werden.

8.3. Vorrang der Leidminimierung

Ich meine, dass wir bei John Rawls fündig werden, warum es besser ist, das Augenmerk zuallererst auf Minimierung des Leides zu richten anstatt auf die Maximierung des Glücks.

Rawls kritisiert in seinem Werk „Eine Theorie der Gerechtigkeit" (1975) die Verfahrensweise des klassischen Utilitarismus, das Wohl des Einzelnen dem Wohl der vielen unterzuordnen. So kann man Beispiele ersinnen, in welchen nach dem Nutzenprinzip Entscheidungen gefällt werden, die insofern also ethisch korrekt sein sollen, jedoch intuitiv unmoralisch erscheinen. Das klassische Beispiel ist die Tötung eines gesunden

Menschen, um mit seinen Organen fünf andere zu retten. Der Grund, warum der Utilitarismus uns so kontraintuitiv erscheint, ist Rawls zufolge, dass er gegen das Gefühl der Gerechtigkeit verstößt. Rawls' Theorie der Gerechtigkeit als Fairness ist eine Vertragstheorie. In solchen Vertragstheorien wird ein hypothetischer Urzustand angenommen, in welchem sich die Gesellschaft befindet, bevor die Gesellschaftsordnung festgelegt ist. Auf diese Weise wird versucht, die Regeln, die in der Gesellschaft etabliert sein sollten oder sind, zu rechtfertigen beziehungsweise zunächst festzustellen, warum es bestimmte Regeln braucht.

Auch Rawls nimmt einen Urzustand an, der es ihm ermöglichen soll, seine Theorie der Gerechtigkeit auf eine vertragstheoretische Basis zu stellen. Er bedient sich dazu eines in der Gesellschaftstheorie üblichen Verfahrens: Man nimmt eine Situation an, in der vernünftige Menschen mit bestimmten Zielen und bestimmten Beziehungen zueinander unter verschiedenen Handlungsweisen wählen müssen beziehungsweise bestimmte Regeln für ihr Zusammenleben aufstellen müssen.[40]

Rawls setzt voraus, dass sich die Personen in diesem hypothetischen Urzustand hinter einem Schleier des Nichtwissens befinden. Das heißt, den Personen fehlen bestimmte

---

[40] Vgl. Rawls, J. (1975): *Eine Theorie der Gerechtigkeit,* Frankfurt am Main: Suhrkamp. S. 141

Informationen. Niemand soll seinen zukünftigen Platz in der Gesellschaft kennen oder seine individuellen Fähigkeiten. Damit soll ausgeschlossen werden, dass die Personen bestimmte Grundsätze der Gesellschaftsordnung wählen, die allein darauf abzielen, der eigenen Person die beste Position unter Berücksichtigung der individuellen Umstände zu gewähren. Eine weitere Prämisse ist, dass die Personen vernünftig sind und dass sie alle eine gewisse Vorstellung haben, was gut ist. Das heißt, die Wahl der Grundsätze wird im Hinblick auf das Ziel eines guten Lebens mit Vernunft getroffen.[41]

Die Parteien befinden sich nun in einer Situation, in der alle gleich sind. Somit befindet sich jeder gleichzeitig in der Situation des anderen, da es keine individuellen Unterschiede gibt. Diese epistemische Unsicherheit der eigenen Identität in der zukünftigen Gesellschaft mit ihren noch unbestimmten Regeln führt zu einer neuen Perspektive. Diese soll ermöglichen, dass faire Regeln für das Zusammenleben gefunden werden.

Rawls geht von zwei Grundsätzen der Gerechtigkeit aus, auf die man sich in diesem Urzustand einigen könnte. Der erste Grundsatz lautet, dass jede Person ein Anrecht hat auf ein System von Grundrechten. Der zweite Grundsatz lautet, dass allfällige Ungleichheiten so zu gestalten sind, dass sie der Gesellschaft

---

[41] Vgl. Rawls, J. (1975). S. 159 ff.

8. Leidminimierung

nutzen und dass sie grundsätzlich jedem offen stehen.[42]

Beide Grundsätze können laut Rawls als die im Urzustand erfolgte Maximin-Lösung des Problems sozialer Gerechtigkeit angesehen werden.[43]

8.4. Maximin-Regel

Die Maximin-Regel betrachtet in Bezug auf die Verteilung nicht das bestmögliche Einzelergebnis und auch nicht den Gesamtnutzen, wie es der klassische Utilitarist täte, sondern hier liegt das Augenmerk auf der schlechtesten Position. Hat man zum Beispiel die Wahl zwischen alternativen Verteilungen von Gütern, so ist nach der Maximin-Regel jene Verteilung zu wählen, in welchem die schlechteste Position im Vergleich zu den schlechtesten Positionen in den alternativen Verteilungsszenarien dennoch die bestmögliche schlechte Position ist. Dies lässt sich besser als Tabelle darstellen:

Person	Verteilung X	Verteilung Y	Verteilung Z
a	15	10	6
b	15	10	6
c	1	5	6
Gesamt	31	25	18

---

[42] Vgl. Rawls, J. (1975). S. 81

[43] Vgl. Rawls, J. (1975). S. 177

8. Leidminimierung

Der klassische Utilitarist würde hier die Gesamtbilanz betrachten und sich für die Verteilungsvariante „X" entscheiden, da hier der Gesamtnutzen maximiert ist. Obwohl „Y" im Vergleich zu „Z" einen hohen Gesamtnutzen aufweist, und der Wert der schlechtesten Position von Person „c" nicht sehr weit unter jenem in „Z" liegt, jedoch über dem von „X", müsste man sich nach der Maximin-Regel für Variante „Z" entscheiden. In „Z" ist die schlechteste Position besser als die schlechteste Position in den alternativen Szenarien. Nun scheint diese Entscheidung unvernünftig zu sein, da das mögliche Wohl zweier Personen für die minimale Besserstellung einer dritten Person geopfert wird. Jedoch ist diese Entscheidungsregel unter bestimmten Voraussetzungen durchaus vernünftig. Die Maximin-Regel ist eine Entscheidungsregel, die in einer unsicheren Situation angewandt wird. Genau in einer solchen Lage befinden sich die Akteure in Rawls' Urzustand. Da die Personen nicht wissen, in welcher Position sie sich wiederfinden werden, nimmt man aus Vorsicht an, dass man sich in der schlechtesten Position wiederfindet. Aus diesem Grund ist es klug, sich für diejenige Gesellschaft zu entscheiden, in welcher man in der schlechtesten Lage dennoch besser dran ist als in allen alternativen Gesellschaftsordnungen.

Manchen mag es annehmbar erscheinen, sich für die risikoreichere Variante zu entscheiden. Man sollte aber bedenken, dass es hier nicht um die Verteilung von irgendwelchen materiellen Gütern geht. Man kann wenig besitzen und dennoch ein gutes Leben führen. Hier geht es aber um die Grundrechte von Personen. Die schlechteste Position in diesem Fall könnte jene des Sklaven sein, der nicht einmal sich selbst besitzt. Müsste man sich für eine von zwei Gesellschaftsordnungen entscheiden, was würde man tun? In der einen möglichen Ordnung hat die Mehrheit der Menschen alle Rechte, ja sogar das Verfügungsrecht über das Leben anderer Personen, die aber in der Gesellschaft die Minderheit darstellen. In der anderen möglichen Ordnung haben alle Menschen die gleichen Rechte. Für welche würde man sich entscheiden? In Anbetracht der Einigung auf eine Gesellschaftsordnung mit grundsätzlichen Rechten ist es vernünftig, den Fokus auf die schlechteste Position zu richten. Selbst wenn eine große Wahrscheinlichkeit bestünde, sich in der besten Position wiederzufinden, wäre das Risiko in jedem Fall zu groß. Die Bürde eines leidvollen, lebensunwerten Lebens wird nicht leichter durch die guten Chancen, die man vor der Wahl hatte, eine gute Position zu erringen.

Wir versetzen uns bei vielen unserer ethischen Entscheidungen nicht in die Situation eines unparteiischen Beobachters, der kühl kalkuliert, sondern im Gegenteil versetzten wir uns in die Situation beider Betroffenen. Wir fühlen uns in die Personen hinein und geben der schlechter gestellten Person den Vorrang, weil wir verstehen, dass die Hilfe in dieser Position dringender gebraucht wird als in einer anderen.

8. Leidminimierung

Wie die Maximin-Regel zeigt, ist es nicht nur intuitiv richtig, die Leidminimierung der Glücksmaximierung vorziehen, sondern unter gewissen Voraussetzungen ist diese Vorgehensweise auch vernünftig und fair.

8.5. Keine Interessen – kein Leid

Die schlechteste Position, die man einnehmen könnte, ist wohl jene eines lebensunwerten Lebens; das ist ein Leben, von dem die Person wünscht, es nicht leben zu müssen. Die Möglichkeit, jemandem ein solches Leben aufzubürden, mag gering sein, dennoch ist sie vorhanden. Es ist nicht möglich zu wissen, welches Leben eine Person haben wird, doch wissen wir durch die vorangegangenen Kapitel, dass es keine moralische Notwendigkeit gibt, Leben zu erzeugen. Die moralische Pflicht, niemandem ein solches Leben aufzubürden, ergibt bei gleichzeitiger moralischer Unnötigkeit einer Prokreation den Schluss, dass jede prokreative Handlung unterlassen werden sollte.

Die Gründe für ein lebensunwertes Leben mögen Interessen sein, die nicht befriedigt werden können. Die Frustration dieser Interessen verursacht Leid. Während es das Ziel einer glücksmaximierenden Ethik ist, Interessen zu befriedigen, kann man es als das Ziel einer leidminimierenden Ethik ansehen, die Frustration von Interessen zu minimieren. Dieses Ziel kann man nicht nur dadurch erreichen, dass man die Frustration von bestehenden Interessen zu verhindern versucht, sondern dieses Ziel würde auch erreicht, wenn man versucht, das Entstehen von Interessen zu verhindern. Ist kein Interesse vorhanden, so kann es auch nicht frustriert werden und damit auch kein daraus resultierendes Leid entstehen.

David Benatar erwähnt eine Ansicht, die sich „Antifrustrationismus" nennt. Gemäß dieser Ansicht ist ein befriedigtes Interesse genauso gut wie ein Interesse, das nicht existiert. Nur ein unbefriedigtes Interesse ist schlecht.[44]

Das erinnert an Arthur Schopenhauer, der schreibt:

> Wann aber endlich Alles überwunden und erlangt ist, so kann doch nie etwas Anderes gewonnen seyn, als daß man von irgend einem Leiden, oder einem Wunsche, befreit ist, folglich nur sich so befindet, wie vor dessen Eintritt.[45]

Das heißt, die Befriedigung eines Interesses, zum Beispiel etwas zu trinken, wenn man Durst hat, hat nur zur Folge, dass dieses Interesse, das auch zu einem früheren Zeitpunkt nicht da war, wieder verschwindet. Das Interesse selbst entsteht erst durch einen Mangel.

Ist es der Fall, dass die Befriedigung eines Interesses und

---

[44] Vgl. Benatar, D. (2006). S. 54

[45] Schopenhauer, A. (2009). S. 285

damit sein Verschwinden als gut angesehen wird, dann müsste auch das nicht vorhandene Interesse als gut angesehen werden. Und durchaus wird man sagen dürfen, dass es gut ist, zum Beispiel keinen Durst zu leiden. Mit dem Gefühl der Befriedigung werden wir natürlich erst belohnt, wenn wir ein Interesse befriedigt haben. Dieses gute Gefühl der Befriedigung entsteht erst durch den Kontrast mit dem vorigen Gefühl des Mangels. Biologisch gesehen ist dies zweckmäßig. Wer seine Bedürfnisse befriedigt, wird durch die Ausschüttung von Hormonen mit einem guten Gefühl belohnt.

Das glückliche Leben und das leidminimierte Leben teilen sich den Anspruch, ein Leben zu sein, in dem möglichst kein Mangel herrscht. Aber weder ein leidminimiertes Leben noch ein glückliches Leben werden realiter völlig frei von Mängeln sein. Das Leben enthält notwendigerweise Mängel. Das Leben ist ein Werden und Vergehen. Dieser stetige Wandel ist nur möglich, sofern es Ungleichgewichte gibt. Ohne diese Ungleichgewichte gäbe es nur Stillstand.

Das glückliche Leben ist ein Ideal. Es ist realiter nicht zu erreichen. Jeder Mensch mag Glücksmomente erleben. Doch ein völlig glückliches Leben ist nicht möglich.

Das Ideal der völligen Leidensfreiheit kann allerdings durchaus erreicht werden, dies aber erst unter der Bedingung, dass kein Leben existiert. Nur die Nichtexistenz kann eine Absenz jeglichen Interesses garantieren und damit die Abwesenheit jeglichen Leides.

Diese Sicht mag für pessimistisch gehalten werden, tatsächlich ist sie höchst realistisch und fern der üblichen Blindheit, die man Lebensbejahung nennt und welche der Grund dafür ist, dass das Leid perpetuiert wird. Die naiv-optimistische und realitätsverdrängende Alltagseinstellung der meisten Menschen, dass das Leben gut sei, resultiert aus dem Umstand, dass Menschen vernunftbegabte, aber nicht vernunftgebrauchende Wesen sind.

Während es für jeden Menschen leicht erkennbar ist, dass es ohne empfindungsfähiges Leben auch kein Leiden gäbe, garantiert die den Menschen eingeborene Fähigkeit der Ignoranz von offensichtlichen Tatsachen, und der stumpfsinnige Glaube an irrationale Sachverhalte das Fortbestehen der Menschheit und damit das Fortbestehen des Leidens.

Schopenhauer schreibt:

> Uebrigens kann ich hier die Erklärung nicht zurückhalten, daß mir der Optimismus, wo er nicht etwa das gedankenlose Reden Solcher ist, unter deren platten Stirnen nichts als Worte herbergen, nicht bloß als eine absurde, sondern auch als eine wahrhaft ruchlose Denkungsart erscheint, als ein bitterer Hohn über die namenlosen Leiden der Menschheit.[46]

Das Beste zu hoffen ist kein Fehler. Jedoch wäre es ein Fehler,

---

[46] Schopenhauer, A. (2009). S. 291

8. Leidminimierung

nur die positiven Aspekte zu betrachten und alles andere auszuschließen, so wie es auch ein Fehler wäre, den Fokus ausschließlich auf das Schlechteste zu legen und nicht auch die positiven Aspekte hervorzuheben. In Bezug auf das Leben möglicher Menschen sollten die positiven wie auch die negativen Aspekte Beachtung finden. Die Wahrscheinlichkeit, dass das Leben der möglichen Person nicht lebenswert sein wird, mag gering sein. Aber da es nicht moralisch gefordert ist, Leben zu erschaffen, es aber moralisch gefordert ist, Leid zu verhindern, gibt es gute Gründe, von prokreativen Handlungen Abstand zu nehmen.

9. Contra Antinatalismus

9.1 Pflicht auf Reproduktion

Hans Jonas schreibt in „Prinzip Verantwortung – Zur Grundlegung einer Zukunftsethik"[47], dass es die Ontologie der Verantwortung ermöglicht, einen Grund anzuführen, warum die Menschheit fortbestehen solle. Er schreibt:

> Doch über den *Grund* des wahrhaft Humanen und des Sein*sollens* des Menschen belehrt uns erst die Metaphysik mit ihrem ganz anderen, nicht phänomenologischen, sondern *ontologischen* Wissen vom Wesen. [...] Denn sie allein kann uns sagen, *warum* der Mensch überhaupt sein soll, also nicht sein Verschwinden aus der Welt herbeiführen oder läßlich erlauben darf; [...].[48]

Der Mensch als Wesen mit der Fähigkeit zur Verantwortung hat auch gleichzeitig mit dem Können zur Verantwortung schon auch die Pflicht, die Verantwortung zu übernehmen, so Jonas. Die Verantwortung ist die Bürde, die uns durch die Freiheit auferlegt wird. Gibt es auch nicht immer eine äußere Instanz, vor der man sich verantworten muss, so muss man sich doch immer vor dem eigenen Gewissen verantworten. Die Frage ist, welche Kriterien

---

[47] Jonas, H. (1997). Prinzip Verantwortung – Zur Grundlegung einer Zukunftsethik. In: A. Krebs (Hrsg.), *Naturethik: Grundtexte zur gegenwärtigen tier- und ökoethischen Diskussion* (S. 165–181), Frankfurt am Main: Suhrkamp

[48] Jonas, H. (1997). S. 170

es sind, die das Gewissen autorisieren.[49]

Jonas zufolge ist der Gegenstand der Verantwortung das Sein. Sinnvoll ist dies aber nur dann, wenn das Sein nicht wertindifferent ist, sondern wenn es werthaltig ist. Man ist nicht nur *für* dieses werthaltige Sein verantwortlich, sondern es ist auch das, *wovor* man verantwortlich ist.[50]

Wir erkennen in der Fähigkeit des Menschen, verantwortlich zu sein, intuitiv einen Wert, so Jonas. Der Wert der Verantwortung führt dazu, dass die Werthaltigkeit alles Seins qualitativ gesteigert wird.[51]

> Damit wird aber Verantwortungsfähigkeit als solche, außer daß ihr Besitz zu ihrer Ausübung von Fall zu Fall mit seinen wechselnden Gegenständen des Handelns verpflichtet, selber auch *ihr eigener Gegenstand*, indem ihr Besitz auf die Fortdauer *ihrer Anwesenheit in der Welt* verpflichtet.[52]

Die Fähigkeit der Verantwortung und der damit verbundene Wert benötigt aber die Existenz von Wesen mit diesen Eigenschaften. Also verpflichtet die Verantwortungsfähigkeit ihre Träger zur Weitergabe dieser Fähigkeit. Somit darf die Menschheit nicht

---

[49] Vgl. Jonas, H. (1997). S. 165

[50] Vgl. Jonas, H. (1997). S. 165–166

[51] Vgl. Jonas, H. (1997). S. 171

[52] Jonas, H. (1997). S. 171

verschwinden.[53]

Das Argument Jonas' sieht also folgendermaßen aus:

(1) Der Mensch verfügt über Freiheit.

(2) Mit dieser Freiheit kommt die Verantwortung für das Handeln.

(3) Wovor man verantwortlich ist, ist das werthafte Sein.

(4) Die Verantwortungsfähigkeit ist Teil des werthaften Seins.

(5) Also bin ich auch für die Verantwortungsfähigkeit verantwortlich.

(6) Verantwortungsfähigkeit setzt die Existenz von Wesen mit dieser Fähigkeit voraus.

(7) Um den Wert zu erhalten, muss also die Menschheit erhalten werden.

Jonas schreibt, dass sein Argument scheinbar zirkulär sei und dem ontologischen Gottesbeweis ähnelt, welcher aus der Essenz die Existenz ableitet. Dies treffe aber für sein Argument nicht zu, da die Existenz der Verantwortungsfähigkeit empirisch erfahrbar ist. Es ist ein Schluss von der Essenz von etwas Bestehendem zu geforderter Existenz. Jedoch ist es auch kein Beweis, wie Jonas eingesteht. Er setzt voraus, dass die Verantwortungsfähigkeit ein Gut an sich ist, also dass ihre

---

[53] Vgl. Jonas, H. (1997). S. 171

9. Contra Antinatalismus

Anwesenheit ihrer Abwesenheit überlegen ist und dass es Werte an sich gibt. Er biete lediglich eine mögliche Antwort an auf die Frage, warum die Menschheit weiter bestehen sollte.[54]

Ist es der Fall, dass man die Verantwortung als Wert ansieht und gleichzeitig mit der Verantwortung die Pflicht verspürt, Werte zu erhalten, so ist der Schluss, dass die Verantwortung sich selbst erhalten muss, richtig. Der Schluss, neue, zur Verantwortung fähige Wesen zu erzeugen, ist meines Erachtens hieraus nicht abzuleiten. Habe ich für mich die Verantwortungsfähigkeit als Wert erkannt, dann folgt, dass ich meine eigene Verantwortungsfähigkeit erhalten soll. Weiters folgt, dass ich auch Verantwortungsfähigkeit bei anderen Individuen erhalten soll. Sprich, ich versuche anderen Individuen nicht ihre Freiheit zur Handlung zu nehmen beziehungsweise ich setzte mich dafür ein, dass anderen Individuen die Freiheit zugestanden wird, autonom zu entscheiden. Jedoch folgt nicht, wie Jonas meint, dass ich die Zahl der Individuen erhöhen muss, um diesen Wert zu fördern. Wenn es keine moralischen Akteure gibt, gibt es auch keine Verantwortung, die gefördert werden muss. Jonas mag recht haben, wenn er sagt, dass die Anwesenheit von Verantwortungsfähigkeit ihrer Abwesenheit überlegen ist. Dass ein rationales und autonomes Individuum erkennt, dass

---

[54] Vgl. Jonas, H. (1997). S. 172 f.

9. Contra Antinatalismus

Verantwortungsfähigkeit ein Wert ist, mag zutreffen. Dies ist aber nur der Fall, wenn es ein Individuum gibt, welches wahrnimmt, dass diese Absenz schlecht ist. In jedem Fall muss ein wertendes Subjekt existieren, um einen Wert oder Unwert festzustellen. Ein Wert ohne ein Individuum ist nicht möglich. Somit ist es auch falsch zu sagen, es wäre schlecht, wenn es keine Menschen gäbe. Ohne fühlende Subjekte gibt es kein „gut" oder „schlecht". Es ist verständlich, wenn jemand meint, dass ein lebensleeres Universum schlecht sei. Jedoch basiert dieses Empfinden auf einem Fehlschluss. Freilich ist für Menschen eine Welt der Vielfalt wertvoller als eine Ödnis. In unserer Fantasie stellen wir uns keine Einöden vor, sondern zauberhafte Welten. Fantastische Geschichten erfreuen uns mehr als ein Vortrag über Betriebswirtschaft. Menschen schätzen die Vielfalt. Dies ist auch der Grund, warum ein leeres Universum für Menschen wenig attraktiv erscheint. Natürlich wäre es eine furchtbare Vorstellung, würde man allein in einem leeren All existieren. Jedoch geschieht ein Fehler, wenn wir in diesem Fall die Absenz von Leben als schlecht werten. Denn wir müssen in diesem Fall auch uns selbst wegdenken. Niemand wäre da, der dieses kahle Universum wahrnehmen könnte. Somit könnte es auch niemals schlecht sein.

9.2 Recht auf Reproduktion

Christine Overall unterscheidet zwischen zwei Arten von reproduktiven Rechten: dem positiven und dem negativen Recht.

9. Contra Antinatalismus

Die positive Formulierung betrifft das Recht, Kinder zu haben und bei der Wahrnehmung dieses Rechtes unterstützt zu werden. Dieses Recht ist jedoch durch verschiedene Umstände begrenzt. Zum Beispiel gehört die medizinische Unterstützung bei der Reproduktion, zum Beispiel die In-vitro-Fertilisation (IVF), in den Bereich der Gesundheitsversorgung. Somit sollte sie grundsätzlich allen zugänglich sein. Liegen jedoch medizinische Gründe vor, warum die IVF nicht vorgenommen werden sollte, zum Beispiel das Alter der Frau, dann gibt es gute Gründe dieses Recht nicht um jeden Preis zu erfüllen. Die minimale Forderung des Rechts auf Reproduktion ist zumindest erfüllt, wenn eine Schwangerschaft medizinisch unterstützt wird, sofern gewünscht.[55]

In jedem Fall ist die Grenze des Reproduktionsrechts erreicht, wenn es darum geht, andere Menschen für die Zwecke der Fortpflanzung zu instrumentalisieren. So ist es zum Beispiel keinesfalls gerechtfertigt, unter dem Vorwand des Rechts auf Fortpflanzung die Eizellen oder Spermien eines anderen Menschen ohne dessen Zustimmung zu verwenden oder eine Schwangerschaft zu erzwingen. Eine weitere Grenze des Reproduktionsrechts sieht Overall in dem Wunsch nach einem „Designer-Baby".[56]

---

[55] Vgl. Overall, C. (2012). S. 22–25

[56] Vgl. Overall, C. (2012). S. 27 f.

9. Contra Antinatalismus

Während es also verschiedene Grenzen in Bezug auf das positive Reproduktionsrecht gibt, gibt es keine vergleichsweisen Grenzen in Bezug auf die negative Formulierung dieses Rechts. Der Sinn dieses Rechts ist es, entscheiden zu können, unter welchen spezifischen Umständen man wie viele Kinder haben möchte, so Overall. Weiters unterscheidet Overall von diesen obigen Rechten das Recht, nicht zu reproduzieren, also das Recht, sich nicht gegen den Willen fortpflanzen zu müssen.[57]

Das Recht, sich nicht fortzupflanzen, scheint mir leichter zu rechtfertigen zu sein, als das Recht, sich fortzupflanzen. Das Recht, sich nicht fortzupflanzen, hängt direkt zusammen mit der Pflicht, die Autonomie einer Person zu wahren. Während das Recht, sich nicht fortzupflanzen aus dem moralisch essentiellen Recht auf Autonomie abgeleitet werden kann, stellt sich die Frage, ob das Recht auf Fortpflanzung ebenfalls durch das Recht auf Selbstbestimmung gerechtfertigt werden kann.

In der Frage um Fortpflanzung spielen nicht nur die Interessen des Menschen eine Rolle, der bereits existiert und sich fortpflanzen will, sondern es sollten auch die möglichen Interessen des zukünftigen Menschen bei der Entscheidungsfindung mit einbezogen werden. Denn eine Entscheidung, einen Menschen zu zeugen, ist keine Entscheidung,

---

[57] Vgl. Overall, C. (2012). S. 29 f.

in welcher man nur über sein eigenes Leben bestimmt. Hier wird auch über das Leben eines anderen entschieden. Wie kann die Entscheidung, sich fortzupflanzen, also mit dem Recht auf Autonomie verteidigt werden?

Das Recht, autonom zu handeln, stößt dort an seine Grenze, wo die Handlung das Recht einer anderen Person tangiert. In der Frage der Reproduktion ist die Person, die direkt von der prokreativen Handlung betroffen ist, das Kind. Könnte mit dieser prokreativen Handlung ein Recht der zukünftigen Person verletzt werden? Zur Zeit der prokreativen Handlung ist dieser Mensch, dessen Interessen frustriert werden können, noch nicht existent. Zwar können und werden viele Interessen der möglichen Person in Zukunft frustriert werden und die Zeugung dieser Person ist die Bedingung, durch welche diese Person erst allen Risiken des Lebens ausgesetzt wird, doch diese Handlung, die erst zur Existenz einer Person führen wird, als Verstoß gegen ein Recht dieser Person anzuführen, scheint mir nicht argumentierbar. Die zukünftige Person kann nicht sinnvoll sagen, dass ihre Interessen durch die Zeugung verletzt worden sind. Zum Zeitpunkt der Zeugung besteht zwar für den Akteur eine moralische Pflicht, Leid zu vermeiden, jedoch kann durch die Zeugung kein Recht des zukünftigen Menschen verletzt werden. Ein Recht auf Nichtexistenz kann nur bestehen, wenn der Rechtsträger bereits existiert. Die Zeugung als Rechtsverletzung anzusehen, wäre also absurd. Die Zeugung einer Person kann zwar keine Verletzung des Rechtes dieser Person sein, jedoch kann der Akteur die Pflicht verletzen, Leid zu verhindern. Diese Pflicht benötigt keinen konkreten Rechtsträger, der bereits existiert, sondern es genügt das Wissen des Akteurs, dass durch die zur Debatte stehende Handlung jemandem ein ernsthaftes Leid widerfahren könnte, von welchem der Akteur sich wünscht, dass es ihm selbst nicht widerfahre.

Wollte man behaupten, dass eine Handlung bereits eine Rechtsverletzung sei, ohne dass jemand aktual in seinen Rechten verletzt wird, dann müsste man annehmen, dass Rechte auch bestehen können, ohne dass ein Rechtsträger existiert. Freilich entspringen die Pflichten, die ich anderen Lebewesen schulde, ob sie nun aktual existieren oder nur möglicherweise existieren werden, aus dem Umstand, welche Rechte ich für mich selbst beanspruche. Die höchste Pflicht ist, niemandem absichtlich ein Leid zuzufügen. Eine prokreative Handlung ist aber eine Verletzung eben dieser Pflicht, kein unnötiges Leid zu verursachen. Denn jeder mit einem Minimum an Verstand ausgestattete Mensch kann durch selbstständiges Nachdenken erkennen, dass Fortpflanzung nicht nötig ist. Es ist eine rein emotionale Entscheidung. Und jeder Mensch kann erkennen, dass jedes Leben Leid enthält. Weiters ist es offensichtlich, dass niemand im Vorhinein sagen kann, ob das erzeugte Leben lebenswert sein wird. Und es steht fest, dass das, was nicht ist, kein Leid empfinden kann.

9. Contra Antinatalismus

Die Frage bleibt, ob und wie ein Recht auf Fortpflanzung moralisch verteidigt werden kann. Wie bereits behandelt, muss ein Interesse hinreichend gewichtig sein, um den Status eines Rechtes zu erhalten. Weiters muss ein Recht auch gerecht sein. Das heißt, gleich in welcher Position man sich in der Gesellschaft wiederfindet, man muss dieser Regel zustimmen können. So könnte jemand einwenden, dass der Anspruch auf ein Recht, neues Leben zu erzeugen, nicht gerecht ist. Es ist nicht fair gegenüber dem von der Handlung am meisten Betroffenen, nämlich der möglichen Person. Wendet man hier die Maximin-Regel an und legt den Fokus auf die schlechteste Position, die man einnehmen könnte, so ist das die Position eines Menschen mit einem lebensunwerten Leben, einem Leben also, von dem sich die betroffene Person wünschen würde, es hätte nie begonnen. Niemand kann sich wünschen, in so einer Position zu sein. Da die mögliche Person ihr Leben als nicht lebenswert qualifizieren könnte, wäre dies ein Grund, ein moralisches Recht auf Reproduktion abzulehnen. Die Pflicht, vermeidbares Leid zu verhindern, wiegt schwerer als der bloß egoistische Wunsch, sich fortzupflanzen. Das Interesse, sich fortzupflanzen, mag in den Menschen sehr stark sein. Doch dieses Interesse wiegt niemals das Leid eines lebensunwerten Lebens auf.

Es darf natürlich nicht vergessen werden, dass die Frage nach

Rechten nicht nur auf der rein ethischen Ebene zu stellen ist, sondern auch auf der Ebene des Gesellschaftsvertrages, also in Bezug auf ein fair geregeltes Zusammenleben.

Es ist der Fall, dass die Majorität der Gesellschaft das Interesse hat, sich zu reproduzieren. Auf dieser Basis kann man sich leicht darauf einigen, diesem Interesse den legalen Rechtsstatus zu gewähren. Doch dieses Recht, das gesellschaftlich legitimiert ist, ist darum noch nicht moralisch legitimiert. Allein die Legitimation durch die Gesellschaft sagt nichts über die moralische Qualität aus. So ist zum Beispiel die Todesstrafe in einigen Ländern gesellschaftlich akzeptiert und legitim, doch moralisch gesehen ist diese Praxis umstritten.

Diese beiden Bereiche, in denen Rechte eine bedeutende Rolle spielen, dürfen aber nicht verwechselt werden. Während auf der Ebene des Gesellschaftsvertrages die Frage lautet, „Welche Rechte sollte es geben?", lautet die Frage auf der ethischen Ebene: „Welche Rechte sind moralisch legitim?" Rechte, die das Zusammenleben in einer Gesellschaft betreffen, werden abhängig sein von den kulturellen Vorstellungen, die unter den Mitgliedern etabliert sind. Diese Diskussion um moralisch legitime Rechte muss allerdings frei von sozio-kulturellen Sachverhalten sein. Im Mittelpunkt der Ethik steht die Frage: „Was soll ich tun?" Oder besser formuliert: „Was soll ich tun, so dass ich niemandem etwas antue, von dem ich selbst nicht wünsche, dass es mir angetan werde?"

9. Contra Antinatalismus

9.3. Für das Risiko

Matti Häyry, ein finnischer Philosoph, vertritt in dem Artikel „A rational cure for prereproductive stress syndrom" (2004) die Ansicht, dass es irrational sei, Kinder zu zeugen. Seine Überzeugung fußt auf zwei Annahmen. Erstens hält er es für irrational, jene Handlung zu wählen, die das schlimmste Ergebnis ermöglicht, und zweitens glaubt er, dass die Zeugung eines Kindes immer zum schlimmsten Ergebnis führen kann, wenn die Alternative ist, kein Kind zu zeugen. Weiters ist er überzeugt, dass es unmoralisch ist, Kinder zu zeugen, da es falsch sei, vermeidbares Leid zuzulassen. Häyry stützt sich auf die bereits erwähnte Maximin-Regel, um zu erklären, warum es die vorsichtige Voraussicht gebietet, sich nicht fortzupflanzen. Er ist nicht der Ansicht, dass Fortpflanzung deshalb falsch ist, weil sie irrational ist, sondern er meint, dass Fortpflanzung sowohl irrational als auch moralisch falsch ist, jedoch beides aus verschiedenen Gründen.[58]

Dem Artikel Häyrys folgen in der Ausgabe des „Journal of Medical Ethics" (2004) weitere Artikel als Reaktionen auf seine Erläuterungen. Da Häyrys Ansichten meinen gleichen, will ich im Weiteren auf diese kritischen Artikel eingehen.

---

[58] Vgl. Häyry, M. (2004): A rational cure for prereproductive stress syndrom. *Journal of Medical Ethics* (30). S. 377–378

9. Contra Antinatalismus

Søren Holm identifiziert in „Why it is not strongly irrational to have children" (2004) zwei Prämissen in Matti Häyrys Hauptargument:

(1) Die Maximin-Regel ist rational.

(2) a) Kein Kind zu zeugen, hat den Wert 0.

    b) Ein Kind zu zeugen, könnte negativ für dieses Kind sein.

Also ist es rational, kein Kind zu zeugen.[59]

Holm konzentriert sich auf die Prämissen (1) und (2a). Er meint auch, dass es problematisch ist zu behaupten, dass die Entscheidung, kein Kind zu zeugen, niemanden negativ beeinflusst. Zwar sei es für die nicht gezeugte Person weder gut noch schlecht, nicht zu sein, doch hat die Entscheidung zur Abstinenz Effekte auf andere existierende Personen. Was die erste Prämisse betrifft, so müsse zunächst unterschieden werden zwischen der Aussage, dass die Maximin-Regel *eine* rationale oder die *einzige* rationale Entscheidungsregel ist. Wenn Häyry meint, dass es irrational sei, Kinder zu zeugen, dann müsste er zeigen, dass die Maximin-Regel die einzige rationale Entscheidungsregel ist. Diese Behauptung wäre aber unplausibel, so Holm. Es würde erfordern, dass wir niemals eine Handlung

---

[59] Vgl. Holm, S. (2004): Why it is not strongly irrational to have children. *Journal of Medical Ethics* (30). S. 381

unternehmen, die möglicherweise eine vermeidbare negative Konsequenz haben könnte, sofern eine Handlung möglich ist, die keine negativen Konsequenzen zeitigt. Analog dazu dürfte man niemals Nahrung zu sich nehmen, die nicht vollkommen sterilisiert worden ist. Wenn aber die Maximin-Regel nur eine mögliche unter anderen rationalen Entscheidungsregeln ist, dann hat Häyry nur gezeigt, dass es zumindest nicht irrational ist, keine Kinder zu zeugen, so Holm.[60]

Ich stimme Holm zu, wenn er sagt, dass Häyry zeigen muss, dass die Maximin-Regel die einzige rationale Entscheidungsregel ist. Es kann durchaus vernünftig sein, ein Risiko einzugehen. So ist die Maximin-Strategie sicherlich nicht die einzige rationale Strategie. Allerdings ist sie eine vernünftige Strategie, wenn die Konsequenzen einer Handlung unsicher sind und die Handlung nicht auszuführen das geringere Übel darstellt, als die Handlung auszuführen. Im Falle der prokreativen Frage in Verbindung mit dem Wunsch, niemandem ein vermeidbares Leid zuzufügen, ist die Maximin-Regel vernünftig. Will man zeigen, dass die Maximin-Strategie im Falle prokreativer Fragen nicht angebracht ist, so müssen gute Gründe gefunden werden, die es erlauben, dem möglichen Menschen das Risiko eines lebensunwerten Lebens aufzubürden.

---

[60] Vgl. Holm, S. (2004). S. 381

9. Contra Antinatalismus

Es ist meines Erachtens nicht der Fall, dass es notwendigerweise irrational ist, Kinder zu zeugen. Sehr wohl können rationale Gründe gefunden werden, so zum Beispiel als Altersversorgung, wie es ja in vielen Gesellschaften praktiziert wird. Natürlich ist der Kinderwunsch, zumindest in den westlichen Ländern, meist nicht dadurch motiviert, dass die Eltern sich eine Altersversorgung wünschen. Dieser Wunsch resultiert wohl eher aus der gesellschaftlichen Konvention und ist emotional motiviert. In diesem Fall darf man natürlich sagen, dass die Entscheidung keine rationale Basis hat. Wie ich bereits in früheren Kapiteln erwähnt habe, ist die Frage, ob eine Handlung rational ist, immer abhängig davon, welche Zwecke verfolgt werden. Ist es ein Prinzip, seine Handlungen so zu wählen, so dass niemandem ein unnötiges Risiko aufgebürdet wird, dann ist die Zeugung neuen Lebens aber jedenfalls irrational. Ist man der Meinung, dass moralisches Handeln das Ziel hat, Leid zu vermeiden, dann ist die prokreative Handlung notwendigerweise als unmoralisch anzusehen.

Es ist richtig, wenn Holm schreibt, dass man, sofern die Maximin-Regel die einzige vernünftige Entscheidungsregel ist, jede Handlung vermeiden müsste, die vermeidbare negative Folgen hat. Auf das Problem, dass jegliche Handlung unterlassen werden sollte, die möglicherweise negative Folgen hat, möchte ich in einem späteren Kapitel eingehen.

Ein anderes Problem sieht Holm in der Verwendung der

Maximin-Regel, wenn sie als Entscheidungsregel das Leben anderer betrifft. Die Personen hinter Rawls' Schleier des Nichtwissens entscheiden mit Hilfe dieser Regel über Dinge, die ihre eigene Position betreffen. Die Personen in Rawls' Beispiel folgen also einer egoistischen Motivation, da sie sich selbst nicht auf der schlechtesten Position wiederfinden wollen. Ein Kind zu zeugen, ist aber eine Handlung, die nicht die eigene Position betrifft. Warum sollte in meiner Entscheidung die Position eines anderen berücksichtigt werden? Häyry verneint, dass es rational ist, moralisch zu sein. Insofern müsste er also zeigen, warum es rational ist, die Interessen anderer zu beachten, sonst würde sein Argument zusammenbrechen, so Holm.[61]

Tatsächlich ist es oft ganz und gar nicht rational, die Interessen anderer zu berücksichtigen, zum Beispiel, wenn man ein eigennütziges Ziel verfolgt. Es ist jedoch rational, die Bedürfnisse anderer bei der Entscheidungsfindung zu berücksichtigen, sofern man sich selbst als Prinzip bei Handlungsentscheidungen auferlegt hat, die Erzeugung von Leid möglichst zu verhindern. Auch wenn das Prinzip, Leid zu verhindern, selbst nicht weiter rational gerechtfertigt werden kann, können die Handlungen, die mit diesem Prinzip übereinstimmen sollen, rational sein. Ich sehe keinen Grund, warum Häyrys Argument zusammenbrechen sollte, wie Holm

---

[61] Vgl. Holm, S. (2004). S. 381

meint. In Bezug auf das Ziel, unnötiges Leid zu vermeiden, ist es durchaus rational, die Maximin-Regel anzuwenden, um sich in die Positionen aller von der Handlung Betroffenen hineinzuversetzen. Wenn man aus Vorsicht annimmt, dass das Leben des zukünftigen Kindes nicht lebenswert sein wird, dann ist es besser, nicht zu zeugen. Denn dies wäre die schlechtest mögliche Position und eben dadurch vermeidbar, dass man dieses Kind nicht zeugt.

Rebecca Bennett erwidert in „Human reproduction: irrational but in most cases morally" (2004) auf Häyrys Artikel, dass sie zwar der Ansicht ist, dass die Entscheidung zur Reproduktion in vielen Fällen irrational ist, sie jedoch nicht der Meinung ist, dass Fortpflanzung notwendigerweise unmoralisch ist. Obwohl es leicht einzusehen sei, dass die Zeugung eines Kindes, dessen Leben wahrscheinlich überwältigend leidvoll sein wird, eine moralisch verwerfliche Handlung ist, sei es nicht klar, dass die meisten oder viele Kinder solche Erfahrungen machen werden, so Bennett. Es sei im Interesse jedes Kindes, dessen Leben lebenswert sein wird, dass es geboren werde. Sofern Häyry der Ansicht ist, dass jede leidvolle Erfahrung, so klein sie auch sei, ein guter Grund ist, nicht zu zeugen, da sie das Leben nicht lebenswert macht, dann ist das Leben jedes Menschen nicht lebenswert. Ist dies der Fall, dann müsste Häyry es auch begrüßen, wenn nicht nur Fortpflanzung vermieden wird, sondern auch das Leben von aktual existierenden Menschen beendet würde, so Bennett. Es scheint, wir können also entweder diese Ansicht akzeptieren oder die alternative Ansicht, dass, so lange das Leben als eher positiv angesehen werden kann, die Reproduktion dieses Lebens nicht unmoralisch sein kann. Zwar mag die Entscheidung zur Fortpflanzung oft irrational sein, aber Irrationalität mache diese Wahl nicht unmoralisch. Viele der Entscheidungen, die das Leben lebenswert machen, seien irrational.[62]

Ich stimme Bennett zu, wenn sie sagt, dass die Irrationalität eine Entscheidung nicht notwendigerweise unmoralisch macht. Wenn sie schreibt, dass viele Entscheidungen, die wir treffen, irrational sind und dennoch das Leben lebenswerter machen, ist das sicherlich richtig. Jedoch gilt es, dass, obwohl man keine guten Gründe haben muss, um etwas zu tun, es gute Gründe geben kann, um etwas nicht zu tun. Der Grund einer Handlung muss nicht rational sein, doch es ist die Pflicht eines jeden zur moralischen Reflexion fähigen Akteurs, dessen Prinzip es ist, niemandem ein Leid zuzufügen, seine Handlungen so abzustimmen, dass anderen Menschen kein Leid zugefügt wird. Andernfalls – und sofern möglich – muss die Handlung unterlassen werden. Gerade wenn die Handlung einer rationalen Basis entbehrt, wird es umso

---

[62] Vgl. Bennett, R. (2004): Human reproduction: irrational but in most cases morally. *Journal of Medical Ethics* (30). S. 379–380

leichter sein, sie zu unterlassen, wenn gute Gründe gegen sie sprechen.

Bennett kritisiert Häyrys Ansicht, dass selbst das geringste Leid ein ausreichender Grund wäre, kein Kind zu zeugen, und schließt, dass diese Ansicht es auch gestatten würde, das Leben aktual lebender Menschen zu beenden, denn auch diese Leben werden Leid erfahren.[63]

Hier möchte ich an die Unterscheidung zwischen einem Leben, das es wert ist, gestartet zu werden, und einem Leben, das es wert ist, fortgesetzt zu werden, erinnern, die wir bereits in einem früheren Kapitel kennengelernt haben. Da es keine moralische Notwendigkeit gibt, ein Leben zu starten, ist sozusagen die Waagschale auf der Seite, die für eine Zeugung spricht, leer. Aus diesem Grund ist selbst das kleinste Leid, das einem Menschen widerfahren kann, gewichtig genug, dieses mögliche Leben nicht zu starten.

Das Leben aktual existierender Personen kann es wert sein, fortgesetzt zu werden. Diese Feststellung kann nur von der jeweiligen Person selbst gemacht werden. Denn, wie schon gesagt, kann den Lebenswert eines Lebens nur jede Person für sich selbst beurteilen. Wie ich aber bereits an früherer Stelle erörtert habe, spräche aber auch nichts dagegen, das Leben aktual

---

[63] Vgl. Bennett, R. (2004). S. 379–380

existierender Personen auszulöschen, sofern dadurch kein Leid verursacht würde, wie zum Beispiel in Smarts Beispiel mit der Weltvernichtungswaffe.

Es ist, wie Bennett schreibt, nicht klar, dass viele oder die meisten Kinder große leidvolle Erfahrungen machen werden. Die meisten Kinder werden mit großer Wahrscheinlichkeit ein lebenswertes Leben haben. Daraus zu schließen, dass es nicht falsch ist, neues Leben zu zeugen, ist aber ein Fehler. Aus der bloßen Möglichkeit eines lebenswerten Lebens die moralische Zulässigkeit der Zeugung abzuleiten, ist nicht zulässig.

Wir treffen unsere Entschlüsse mit Hilfe der Informationen, die wir haben. Jede Entscheidung hängt direkt von den subjektiven Wahrnehmungen des Akteurs ab, die er im Verlauf seines Lebens gesammelt hat. Aufgrund dieser Erfahrungen haben wir bestimmte Vorstellungen, wie wahrscheinlich bestimmte Konsequenzen einer Handlung sind. So werden möglicherweise die meisten Menschen davon überzeugt sein, dass das Leben im Großen und Ganzen gut ist und wert, gelebt zu werden, und halten somit auch die Entscheidung für gut, sich fortzupflanzen. In der Frage der Erzeugung eines neuen Menschen ist aber etwas gewiss: Die Möglichkeit negativer Konsequenzen, wenn man sich dafür entscheidet, einen Menschen nicht zu zeugen, sind für diesen nicht existenten Menschen gleich Null, im Falle der Zeugung in jedem Fall über Null. Die Zeugung eines Menschen ist moralisch nicht notwendig. Man führt keine Wohltat aus, wenn man diesen möglichen Menschen zur Welt bringt. Man kann ihn auch nicht schädigen, wie wir gesehen haben. Jedoch ist die prokreative Handlung deshalb noch nicht moralisch neutral. Denn moralisch gefordert ist die Verhinderung von Leid. Die Wahrscheinlichkeit für ein lebensunwertes Leben im Falle der Zeugung mag gering sein, ist aber in jedem Fall über Null. Somit spricht die Abwägung der Möglichkeiten negativer Folgen für die Abstinenz.

Jemand könnte gegen die Feststellung, dass es moralisch nicht gefordert ist, sich fortzupflanzen, einwenden, dass, würde jeder so handeln, es durchaus zu Übeln führen würde. Die Gesellschaft würde überaltern und unterversorgt aussterben, da es keinen Nachwuchs gibt, welcher die Versorgung übernimmt und die Wirtschaft am Laufen hält. Dies ist jedoch nicht korrekt. Jede Person, die sich für die Kinderlosigkeit entscheidet, muss sich auch darüber bewusst sein, dass ihre Altersversorgung nicht gesichert ist. Sofern also diese Entscheidung freiwillig erfolgt, sind die Übel, die man möglicherweise erfahren muss, weil man keine Altersversorgung hat, selbst gewählt und ein Opfer für das höhere Ziel keinem anderen Menschen als Joch des Lebens aufzuzwingen.

Man könnte hier einwenden, würde sich ein relevanter Teil der Gesellschaft für diesen Weg entscheiden, würden noch jene bleiben, welche die Folgen der zusammenbrechenden Gesellschaft zu spüren bekommen, sich aber nicht dafür entschieden haben.

9. Contra Antinatalismus

Wäre der antinatalistische Weg in diesem Fall unmoralisch, da denjenigen, die sich nicht für das Aussterben der Menschheit entschieden haben, dieses Los aufgezwungen wird?

Es ist nicht zu leugnen, dass sich das langsame Aussterben der Menschheit für die verbleibenden Menschen negativ auswirken würde. Dennoch kann dies meines Erachtens nicht als Rechtfertigung herangezogen werden, um das Rad des Werdens und Vergehens mit den damit verbundenen Übeln am Laufen zu halten. Die Aufrechterhaltung eines Status quo, der viel Leiden verursacht, wie das Fortbestehen der Menschheit, wird nicht dadurch moralisch gerechtfertigt, dass das langsame Aussterben ebenfalls Leiden verursachen würde.

Wäre diese Argumentation zulässig, dann darf beziehungsweise muss jeder Zustand, der Leid enthält, aufrechterhalten werden, sofern der alternative Zustand ebenfalls Leid verursachen würde.

Ich sehe hier das endliche Leid einer bewusst aussterbenden Menschheit als weniger gewichtig als das Leid, welches bis zum natürlichen Aussterben der Menschheit von den Individuen ertragen werden müsste. Es ist zwar der Fall, dass der negative Utilitarist es niemals wünschen kann, dass jemandem ein Leid widerfährt. Wenn der Status quo aber ohnehin leidvoll ist, ist es zulässig, diesen Zustand durch einen weniger leidvollen zu ersetzen.

9. Contra Antinatalismus

In diesem Zusammenhang stellt sich wieder die Frage der Abwägbarkeit und Verrechenbarkeit von Leid. Ist es zum Beispiel zulässig, jemand anderem ein Leid aufzubürden, um viele andere von ihrem Leiden zu befreien?

Man möchte hier erwidern, dass es moralisch nicht zulässig ist, es sei denn, die Person hätte zugestimmt, sich sozusagen zu opfern.

Insofern könnte jemand einwenden, dass es moralisch nicht gerechtfertigt werden kann, anderen Menschen das Aussterben der Menschheit und die damit verbundenen Härten aufzubürden.

Hierauf könnte man erwidern, dass jene Menschen, die das Aussterben der Menschheit für gut befinden, auch die Härten des Zusammenbruchs der Zivilisation in Kauf nehmen und insofern nicht behaupten können, dass der antinatalistische Weg ihnen gegenüber unmoralisch wäre, da sie ihn ja selbst befürworten.

Alle anderen, welche die antinatalistische Position ablehnen, könnten behaupten, dass diese Praxis ihnen gegenüber unmoralisch wäre, da sie unfreiwillig die Übel einer zusammenbrechenden Gesellschaft ertragen müssen.

Jedoch könnte man hier einwenden, dass jene folglich pronatalistischen Menschen bereit sind, anderen Menschen – im Konkreten: ihren eigenen Kindern – die Härten des Lebens aufzubürden. Da sie also bereit sind, andere Menschen den möglichen Übeln des Lebens auszusetzen, müssen sie, sofern sie moralische Akteure sind, vernünftigerweise auch selbst bereit sein, diese möglichen Leiden zu ertragen. Eine Person kann nicht widerspruchsfrei argumentieren, dass es unmoralisch sei, dass sie durch die Handlungen anderer Leid ertragen muss, wenn sie selbst anderen durch ihre eigenen Handlungen Leid aufzwingt.

9.4. Kritik des Argumentes

Die Formel, die ich zur obersten moralischen Maxime erhoben habe, lautet: Leid zu vermeiden. Viele Menschen werden mir in diesem Punkt zustimmen. Zwar muss gesagt werden, dass es keine objektiven Werte geben kann, d. h. Werte, die unabhängig von einem Subjekt existieren. Dennoch darf man davon ausgehen, dass die Vermeidung von Leid intersubjektiv ist, d. h. für jedes Subjekt einen Wert darstellt und in der Wertehierarchie sehr weit oben, wenn nicht gar, wie ich meine, an höchster Stelle steht. Der konkrete Zustand, auf den der Begriff Leid sich bezieht, mag von den Bedürfnissen des jeweiligen Subjektes abhängen. Jedenfalls ist Leid ein Zustand, der vermieden werden will.

Ich habe dann versucht zu erklären, warum es, ausgehend von dieser Maxime, vermieden werden sollte, sich fortzupflanzen beziehungsweise warum es unmoralisch wäre.

Allerdings bin ich hierbei auf ein Problem gestoßen. Folgt man der Regel, dass jede Handlung, welche die Möglichkeit birgt, ein Leid zu erzeugen, so muss man erkennen, dass zu jeder beliebigen Handlung ein Szenario kreiert werden kann, das zeigt, dass diese Handlung auch das Potenzial hat, ein Leid zu erzeugen. Da also nahezu jede Handlung diese Möglichkeit, jemandem ein Leid anzutun, birgt, könnte man es mit den Beispielen so weit auf die Spitze treiben, dass sogar Atmen unmoralisch wäre. Tatsächlich gibt es die Religion des Jainismus, die das Leben anderer Lebewesen so sehr achtet, dass deren Mönche sich davor hüten, im Dunkeln zu essen, um nicht versehentlich ein Insekt zu verschlucken.[64]

Wie bereits Søren Holm an Matti Häyrys Ansicht kritisiert, ergeben sich absurde Forderungen, wenn man jede Handlung vermeiden will, die negative Konsequenzen zeitigen kann.[65] Es ist nicht möglich zu leben, ohne zu handeln. Und da jede Handlung die Möglichkeit von Leid enthält, wäre der Lebensvollzug selbst schon unmoralisch. Allein der Suizid scheint dann noch als Ausweg möglich. Doch sogar die Selbsttötung hätte negative Konsequenzen, da die Angehörigen trauern würden. Die Prämisse, dass die bloße Möglichkeit, ein Leid zu erzeugen, ausreicht, um eine Handlung als unmoralisch zu qualifizieren, ist offensichtlich zu streng und führt zu absurden Ergebnissen. Für gewöhnlich wird man eine Handlung dann als unmoralisch bezeichnen, wenn es für den Akteur absehbar ist, dass die Handlung ein Leid erzeugen kann. Also nicht die bloße

---

[64] Vgl. Eliade & Couliano (1997): *Handbuch der Religionen,* Düsseldorf: Albatros. S. 331

[65] Vgl. Holm, S. (2004). S. 381

Möglichkeit, dass eine Handlung ein Leid erzeugt, reicht aus, um sie als unmoralisch zu qualifizieren.

So eine Ansicht stimmt nicht mit unserer gewöhnlichen moralischen Einstellung überein und ist nicht als Regelwerk für den alltäglichen Gebrauch geeignet. Es ist nicht allein mein Ziel, ein Argument zu formulieren, welches zeigt, dass Fortpflanzung unmoralisch ist. Ich meine, dass bereits genügend Gründe genannt worden sind, die beweisen, warum es moralisch schlecht ist, neues Leben zu erschaffen. Ich will darüber hinaus zeigen, dass das Gebot, kein neues Leben zu erzeugen, aus der konsequent weitergeführten alltagsmoralischen Einstellung folgt, dass man niemandem ein unnötiges Leid antun soll. Insofern will ich versuchen, das Argument, welches bereits ausreicht zu zeigen, dass die Prokreation von empfindungsfähigen Lebewesen unmoralisch ist, soweit bearbeiten, dass klar wird, dass wir es ohnehin für unsere alltäglichen Entscheidungen benutzen. Sofern ich also nicht behaupten will, dass bereits ein sonntäglicher Ausflug mit dem Auto unmoralisch ist, weil man jemanden unglücklicherweise überfahren könnte, dann muss ich das Argument besser formulieren. Das klare, aber zu strenge Kriterium der Möglichkeit eines Leides muss ersetzt werden. Dass eine Handlung unnötig ist, also nicht den Zweck hat, größeres Leid zu verhindern, und sie das Risiko birgt, jemandem ein Leid zuzufügen, macht diese Handlung noch nicht unmoralisch. Unmoralisch kann sie erst dadurch werden, dass der Akteur bewusst riskiert, dass jemandem ein Leid zugefügt wird. Das heißt, die Informationen, über die ein Akteur verfügt, sind entscheidend, um eine Handlung in normativer Hinsicht qualifizieren zu können.

Um Folgen einer Handlung vorauszusehen, dienen uns unsere bisherigen Erfahrungen und unser Verstand. Wir schließen aus unseren eigenen Erfahrungen und anders erworbenen Informationen auf die Ereignisse der Zukunft. Bei diesen sogenannten induktiven Schlüssen leitet man von einzelnen oder wenigen Ereignissen eine allgemeine Regel ab. Das heißt, es sind Schlussfolgerungen der Form: Es war bis jetzt so, also wird es weiterhin so sein. Ein Schluss dieser Form ist jedoch ein Fehlschluss. Denn aus wenigen oder gar einer einzelnen Beobachtung kann ich nicht mit Sicherheit ableiten, dass es sich bei jeder weiteren Beobachtung genauso verhalten wird. Die Sonne ist in meinem bisherigen Leben jeden Tag aufgegangen. Daraus abzuleiten, dass es morgen ebenso der Fall sein wird, ist zwar ein verständlicher, aber falscher Schluss. Dennoch sind induktive Schlüsse notwendig für das tägliche Leben. Sie geben uns Sicherheit und Orientierung. Diese induktiven Schlüsse vom bisherigen Fall auf eine allgemeingültige Regel geben uns zumindest eine Richtung vor, wie es in Zukunft aussehen könnte. Und diese Informationen beziehen wir in unsere Entscheidungen mit ein. Doch darf man niemals vergessen, dass diese Schlüsse uns zu falschen Entscheidungen führen können. Ein solch üblicher

Fehlschluss ist der Schluss von sich selbst auf andere. Um beim Thema zu bleiben, wäre ein solcher Schluss zum Beispiel: Mein Leben ist lebenswert / nicht lebenswert, also ist jedes Leben lebenswert / nicht lebenswert. Hier muss der Verstand ins Spiel kommen. Mit unserem Verstand können wir erkennen, dass unsere Erfahrungen rein subjektiv sind und nicht als allgemeine Regeln angenommen werden dürfen. Die Informationen, über die der Akteur verfügt, stammen aus subjektiven Erfahrungen. Mit diesen Informationen und der Fähigkeit, sie mit dem Verstand zu interpretieren, kann der Akteur realistische negative Folgen einer Handlung erkennen.

Zwar ist es der Fall, dass mein sonntäglicher Ausflug zu einem Unfall führen kann, welcher hätte vermieden werden können, hätte ich den Ausflug nicht unternommen. Doch habe ich deshalb noch nicht unmoralisch gehandelt, da ein Unfall ein unglücklicher Zufall ist und nicht von mir bewusst verschuldet worden ist.

Erst wenn der Akteur eine Handlung unternimmt, mit der er anderen bewusst einem realistischen Risiko aussetzt und vermuten kann, dass die möglichen Betroffenen nicht zustimmen würden, wüssten sie über die möglichen negativen Folgen Bescheid, darf man sagen, dass er unmoralisch handelt.

Erst wenn es dem Akteur möglich ist zu erkennen, dass seine Handlung für andere ein unnötiges Risiko birgt, er die Handlung aber unterlassen kann, ohne sich selbst schwer tragbare

Kosten oder Risiken aufzubürden, ist sein weiteres Vorgehen moralisch qualifizierbar.

Für einen Akteur, der über ein Mindestmaß an Verstand und Informationen verfügt, ist es ersichtlich, dass eine prokreative Handlung das Risiko birgt, ein lebensunwertes Leben zu erschaffen. Da es keine moralische Pflicht gibt, neues Leben zu erzeugen, ist die Handlung als unmoralisch zu qualifizieren.

Die Maxime, dass man Leid verhindern soll, wird als Begründung für die Vermeidung einer prokreativen Handlung nicht ausreichen. Auf die Aussage, dass jedes Leben Leid enthält und es deshalb vermieden werden sollte, wird die naheliegendste Erwiderung sein, dass ein empfundenes Leid noch nicht das gesamte Leben als lebensunwert qualifiziert. Denn aus eigener Erfahrung wissen wir, dass dieses Leid meist nicht so schlimm ist, dass man sich wünschte, niemals geboren worden zu sein. Angenommen, wir wüssten, dass niemand jemals sein Leben als nicht lebenswert qualifizieren wird. Es würde zwar keinen Grund geben, warum ein Leben gestartet werden soll außer dem egoistischen Wunsch der Eltern. Doch wenn feststeht, dass alle Menschen mit ihrem Leben zufrieden sein werden, was könnte dagegen sprechen, wenn Menschen ihrem Fortpflanzungsdrang nachgeben? Freilich würden diese Menschen Leiden erfahren, aber keines dieser Leiden wird sie wünschen lassen, dass sie nie geboren worden wären. Da aber die Gefahr eines lebensunwerten Lebens realiter besteht, spricht dieses Risiko und die Pflicht, Leiden zu vermeiden, gegen die Erzeugung empfindungsfähiger Lebewesen. Die prokreative Handlung als grundsätzlich unmoralisch zu verurteilen, ist legitim, da in jedem Fall das Risiko eines lebensunwerten Lebens besteht und wenn es den Akteuren möglich ist, dieses Risiko vorauszusehen. Es steht fest, dass die Erzeuger neuen Lebens ein Risiko eingehen, dessen negative Folgen nicht sie selbst zu spüren bekommen. Es mag durchaus Menschen geben, die sich dieses Risikos nicht bewusst sind. Es ist meines Erachtens jedoch in den meisten Fällen die Ignoranz der Akteure, die sie über dieses offensichtliche Risiko hinwegsehen lässt.

9.5 Eine lebensbejahende Moral

Sahin Aksoy schreibt, dass Häyry die Irrationalität und Unmoralität der Alternative zur Existenz übersieht: Das ist die Nicht-Existenz. Existenz sei das fundamentale Prinzip der Ethik.[66]

Dieser Einwand, dass Moral dem Leben dienlich sein muss, verdient durchaus eine nähere Betrachtung. Meine fundamentale Prämisse ist, dass Moral die Aufgabe hat, Leid zu vermeiden. Es gibt zumindest zwei mögliche Interpretationen dieser Prämisse. Einerseits könnte man unter der Leidvermeidung die totale

---

[66] Vgl. Aksoy, S. (2004): Response to: A rational cure for pre-reproductive stress. *Journal of Medical Ethics* (30). S. 382–383

Vermeidung von Leid verstehen, die zu erreichen ist, indem man Leben vermeidet. Diese Ansicht liegt meiner Argumentation zugrunde.

Man könnte jedoch auch die Ansicht vertreten, dass das Ziel der Leidvermeidung im Leben angestrebt werden muss und nicht über dem Leben selbst steht. Moral wird ja oft so verstanden, dass ihr Ziel die „Eudämonie" ist, d. h. das gute Leben. Das heißt, aus dem Sinn der Moral, das Leben leidensfrei zu machen, kann in diesem Fall nicht folgen, alles Leben zu vermeiden. In einer Ethik, deren Ziel es ist, ein gutes Leben zu gewährleisten, ist die Bedingung, dass es Leben gibt, inhärent. Nicht die Erzeugung neuen Lebens wäre unmoralisch, sondern nur die Handlung, die das Leben nicht zu einem möglichst guten macht. Das heißt, hier würde die Glücksmaximierung des individuellen Lebens im Mittelpunkt stehen.

Der britische Philosoph David Pearce ist der Meinung, dass wir dieses Glück erreichen können, indem wir die Menschen mit Hilfe von Biotechnologie verändern.[67]

Der Vorschlag von Pearce als Alternative zur Auslöschung allen Lebens scheint mir durchaus akzeptabel und auch praktikabel. Durch genetische Veränderung, Pharmakologie o. Ä. könnten wir vielleicht keine Welt erschaffen, in der niemand mehr

---

[67] Vgl. Pearce, D. (2014): *The Hedonistic Imperativ*. Abgerufen am 20.9.2014 von http://www.hedweb.com/hedethic/tabconhi.htm

leidet, zumindest aber eine Welt, in der sich niemand mehr wünscht, nicht zu sein, also jeder ein lebenswertes Leben hat. Zu glauben, die Menschheit würde irgendwann zur Erkenntnis gelangen, dass es gut wäre, niemanden mehr zu zeugen, um alles Leiden zu verhindern, ist bar jeglicher Realität.

Eine Welt, in der man die Menschen durch Manipulation zum Glück prädestiniert, scheint mir als Alternative realistisch, vor allem, wenn man bedenkt, dass die Gesellschaft ohnehin auf dem Weg ist, sich in diese Richtung zu entwickeln. Durch pränatale Diagnostik und Eingriffe in das Erbgut lassen sich Selektionen vornehmen, die dem Kind ein besseres Leben ermöglichen sollen. Durch den Einsatz von Psychopharmaka bekämpft man psychische Auffälligkeiten. Da es ohnehin eines jeden Menschen innigster Wunsch ist, positive Gefühle zu empfinden, müsste nur dafür Sorge getragen werden, dass sich aus der Einnahme einer Glücksdroge weder kurz noch langfristig negative Folgen ergeben. Natürlich wird diese Ansicht von vielen Menschen als abstrus verurteilt werden. Jedoch wären eben jene in der Bringschuld zu zeigen, warum es schlecht sei, seinem Glück mit zum Beispiel Pharmakologie auf die Sprünge zu helfen. Dies ist meines Erachtens nur möglich, wenn man ein Prinzip annimmt, dass über jenem des Glücks steht. Doch welches Prinzip, das mit Verstand und Vernunft verteidigt werden kann, könnte über dem Glück, dem intrinsischen Wert schlechthin, stehen?

10. Zusammenfassung

Im Folgenden will ich die Fragen, Probleme und Erkenntnisse zusammenfassen, die mich in der Arbeit beschäftigt haben.

Ich begann meine Untersuchung mit der Feststellung, dass man die Aufgabe der Moral darin sehen kann, Leid zu verhindern. Falls man diese Ansicht unterstützt, so folgt, dass, sofern eine notwendige Verbindung von Leben und Leid besteht, es moralisch gefordert sein kann, das Leben zu verhindern. Ich untersuchte daraufhin die Hypothese, dass alles Leben notwendigerweise mit Leid verbunden ist. Ich habe festgestellt, dass es zwar der Fall ist, dass empfindungsfähiges Leben die notwendige Bedingung für Leid ist, doch dass nicht jedes Leben notwendigerweise leidvoll sein muss.

Der Erkenntnis folgend, dass Leben zumindest die Bedingung für Leid ist, stellte ich die Vermutung an, dass die Erzeugung von Leben zumindest eine Schädigung der erzeugten Kreatur darstellt. Dies ist dem Umstand geschuldet, dass jedes Leben zwar nicht streng logisch Leid enthalten muss, realiter aber in jedem Leben einmal die Empfindung des Leides auftritt. So wäre es also besser, nicht zu sein, denn wer nicht existiert, kann auch kein Leid empfinden und ist somit besser dran als jemand, der existiert und Leid empfinden muss.

10. Zusammenfassung

Ich habe gezeigt, dass die gängigen Konzepte von Schädigung komparativ sind. Das heißt, man vergleicht zwei Zustände. Entweder man vergleicht die Lebensqualität einer Person mit ihrer Lebensqualität vor einer vermeintlich schädigenden Handlung oder man vergleicht die aktuelle Lebensqualität mit der Lebensqualität, wie sie sein könnte, hätte die vermeintlich schädigende Handlung nicht stattgefunden.

Wie ich festgestellt habe, eignet sich keines der beiden Konzepte für die Rechtfertigung der Behauptung, dass die Erzeugung eines Menschen eine Schädigung sei. Da beide Konzepte der Schädigung zwei Zustände vergleichen, die Nichtexistenz allerdings kein Zustand ist, sondern die Abwesenheit aller Zustände, lässt sich auch nicht sagen, dass jemand durch seine Erzeugung geschädigt worden ist. Somit kann es auch für niemanden besser sein, nicht gezeugt zu werden, da in diesem Fall niemand da wäre, der es besser hätte. Wie ich des Weiteren zeigen konnte, ist das Verhältnis von Schädigung und Wohltat symmetrisch. Das heißt: Während die Zeugung eines Menschen keine Schädigung für diesen Menschen sein kann, so kann seine Zeugung auch keine Wohltat sein, da es diesem Menschen auch nicht schlechter ginge, wäre er nicht gezeugt worden.

10. Zusammenfassung

Die Diskussion über Schädigung durch eine prokreative Handlung zeigt, dass selbst im Falle eines qualvollen Lebens der gezeugten Person sie durch die Handlung ihrer Erzeuger nicht geschädigt worden ist. Dennoch wird man behaupten dürfen, dass es moralisch verwerflich wäre, jemanden zu zeugen, dessen Leben qualvoll sein wird. Wenn es keine Schädigung für diese Person sein kann, gezeugt worden zu sein, so liegt es nahe zu sagen, dass es zumindest eine Verletzung eines Rechtes ist, jemanden zu zeugen, dessen Leben leidvoll sein wird.

In der Frage der Rechtsverletzung einer prokreativen Handlung zeigen sich ebenfalls Probleme. Ist ein frustriertes Interesse die notwendige Bedingung, um von einer Rechtsverletzung zu sprechen, dann können Rechte von Personen, die noch nicht existieren, auch nicht verletzt werden, da eben die nötigen Interessen nicht vorhanden sind. Stimmt man dieser Analyse zu, so ergeben sich Probleme hinsichtlich der Frage, warum wir auf die Interessen zukünftiger Menschen überhaupt Rücksicht nehmen sollten, wenn es der Fall ist, dass sie ohnehin keine Rechte im Hier und Jetzt haben. Des Weiteren ist es völlig unbestimmt, welche Personen in Zukunft existieren werden. Dies gilt auch für ihre Anzahl, ihre Lebensverhältnisse und auch die Ansprüche in Bezug auf ihre Rechte.

Ich habe hier vorgeschlagen, das Problem aufzulösen, indem man sich nicht auf die Rechte konzentriert, die diese zukünftigen

10. Zusammenfassung

Menschen möglicherweise haben werden, sondern sich darüber bewusst zu werden, dass man trotz der Ungewissheit über die zukünftigen Zustände Pflichten hat. Pflichten gegenüber anderen zu haben, ohne die konkreten Interessen dieser Personen zu kennen, ist möglich, da wir unsere eigenen Ansprüche kennen und daraus gewisse Pflichten ableiten können. In Situationen der Ungewissheit ist der vernünftigste Weg, auf die „Goldene Regel" zurückzugreifen. So darf man also weiterhin behaupten, dass gegenwärtig lebende Menschen Pflichten haben gegenüber zukünftigen, auch ohne die konkreten Rechte dieser Menschen zu kennen.

Im Falle der prokreativen Handlung habe ich festgestellt, dass auch hier eine Pflicht besteht, Leid zu verhindern. Offenbar ist es nicht für jedermann sofort ersichtlich, dass man mit der Erzeugung eines empfindungsfähigen Organismus gleichzeitig auch erst die Bedingung für Leiden erschafft. Es wäre falsch, jemandem eine unmoralische Handlung zu unterstellen, sofern dieser Akteur gar nicht fähig ist zu verstehen, welche Auswirkungen sein Handeln hat. Die Frage, ob jemand unmoralisch handelt, ist also verknüpft mit der Frage nach dem Verstand dieses Individuums. Wem es an Verstand fehlt, dem kann auch nicht vorgeworfen werden, unmoralisch zu handeln.

Im Folgenden habe ich versucht zu zeigen, dass eine Asymmetrie zwischen Existenz und Nichtexistenz besteht. Während es eine moralische Pflicht gibt, die Erzeugung eines Wesens, dessen Leben leidvoll sein wird, zu vermeiden, gibt es keine Pflicht ein Wesen zu erschaffen, selbst wenn es gewiss ist, dass dieses Wesen ein lebenswertes Leben haben wird. Dieser Umstand, dass eine Pflicht besteht, ein Leben mit Leid zu vermeiden, während keine Pflicht besteht, ein Leben mit Glück zu erschaffen, ist ein Kernpunkt der antinatalistischen Position.

Auch das Argument eines Rechtes auf Leben kann nicht ins Feld für eine Prokreation geführt werden. Denn wie schon früher gezeigt, kann kein Recht bestehen, wo kein Interesse vorhanden ist. Auch eine Pflicht ist hier ausgeschlossen; denn wenn niemand existieren wird, ist auch die Annahme von Pflichten absurd.

Ich behandelte des Weiteren den Umstand, dass die Leidminimierung einen ethischen Vorrang gegenüber der Glücksmaximierung hat. So ist es moralisch eher gefordert, jemandem zu helfen, der schlechtergestellt ist, und damit sein Leid zu minimieren, bevor man Ressourcen aufwendet, um jemandes Glück zu maximieren. Eine Ansicht, welche das Primat der Leidminimierung auf die Spitze treibt, ist jene des sogenannten negativen Utilitarismus. Hier steht die Leidminimierung sogar über dem Leben selbst und deckt sich also mit der Position des Antinatalisten. Ein Problem ergibt sich, sofern man eine Aufwiegbarkeit von Leid und Glück annimmt. Dieses Problem in ähnlicher Form kennt man bereits aus der

10. Zusammenfassung

Diskussion um den klassischen Utilitarismus. Es mündet in der Frage: Darf ich jemandem Leid zufügen – und wenn ja, wie viel – um quantitativ oder qualitativ größeres Leid zu verhindern. Ich habe mich hier einer Antwort enthalten, da ich der Meinung bin, dass es auf diese Frage ohnehin keine richtige Antwort gibt. Auch spielt diese Frage für meine Untersuchung der moralischen Qualität einer prokreativen Handlung keine Rolle.

Abschließend betrachtete ich noch verschiedene Einwände gegen die Auffassung, Prokreation sei unmoralisch. Leider ist keiner der Einwände überzeugend. Durchaus kann man das Urteil, die Handlung sei unmoralisch, anfechten: so zum Beispiel, indem man behauptet, dass Moral die Pflicht hat, Glück zu maximieren und so lebensbejahend ist, oder dass Moral nur in Verbindung mit Leben sein kann und nicht über dem Leben selbst steht.

Die Argumente, die dafür sprechen, Leid zu vermeiden, indem man empfindungsfähiges Leben vermeidet, konnten allerdings nicht entkräftet werden.

11. Fazit

Ob man es nun für unmoralisch hält, empfindungsfähiges Leben zu erschaffen oder nicht, ist dieses empfindungsfähige Leben die Voraussetzung für Leid. Will man jegliches Leid aus der Welt verbannen, so ist es der sicherste Weg, das Leben zu verneinen. Wer sich also entschließt, neues Leben zu erzeugen, sollte sich darüber bewusst sein, dass er mit der Erfüllung der eigenen Wünsche das Rad des Leides am Laufen hält.

Literaturverzeichnis

Akerma, K. (2000). *Verebben der Menschheit? : Neganthropie und Anthropodizee.* Freiburg (Breisgau); München: Alber.

Akerma, K. (9. Mai 2014). *Was ist Antinatalismus?* Abgerufen am 12. Mai 2014 von http://www.tabularasa-jena.de/artikel/artikel_5496/

Aksoy, S. (2004). Response to: A rational cure for pre-reproductive stress. *Journal of Medical Ethics*(30), S. 382-383.

Benatar, D. (2006). *Better never to have been - The harm of coming into existence.* Oxford: Oxford University Press.

Bennett, R. (2004). Human reproduction: irrational but in most cases morally. *Journal of Medical Ethics*(30), S. 379-380.

Bradley, B. (2013). Asymmetries in Benfiting, Harmin and Creating. *Journal of Ethics*(17), S. 37 - 49.

Damschen, G., & Schönecker, D. (2003). In dubio pro embryone. Neue Argumente zum moralischen Status menschlicher Embryonen. In *Der moralische Status menschlicher Embryonen* (S. 187-267). Berlin: de Gruyter.

Eliade, M., & Couliano, J. (1997). *Handbuch der Religionen.* Düsseldorf: Albatros.

Epikur. (2007). Brief an Menoikeus. In V. Thielen, & K. Thiel (Hrsg.), *Klassische Texte zum Glück* (S. 39-43). Berlin: Parodos.

Fricke, F. (2002). Verschiedene Versionen des Negativen Utilitarismus. *Kriterion*(15), S. 13-27.

Goethe, J. W. (2006). *Faust.* Stuttgart: Reclam.

Grewel, H. (1993). Zwischen Mitleid, Mord und Menschlichkeit- Wider das Mißverständnis der Humanität in den neuen Euthanasiebewegungen. In *Das Recht auf den eigenen Tod* (S. 66-89). Düsseldorf: Patmos.

Hare, R. M. (1990). Abtreibung und die Goldene Regel. In *Um Leben und Tod : moralische Probleme bei Abtreibung, künstlicher Befruchtung, Euthanasie und Selbstmord* (S. 132-156). Frankfurt am Main: Suhrkamp.

Hare, R. M. (1990). Das mißgebildete Kind. Moralische Dilemmata für Ärzte und Eltern. In *Um Leben und Tod : moralische Probleme bei Abtreibung, künstlicher Befruchtung, Euthanasie und Selbstmord* (S. 375-383). Frankfurt am Main: Suhrkamp.

Häyry, M. (2004). A rational cure for prereproductive stress syndrom. *Journal of Medical Ethics*(30), S. 377-378.

Hoerster, N. (1977). Einleitung. In N. Hoerster (Hrsg.), *Recht und Moral. Texte zur Rechtsphilosophie* (S. 13-16). München: Deutscher Taschenbuch Verlag.

Höffe, O. (1975). *Einführung in die utilitaristische Ethik: klassische und zeitgenössische Texte.* (O. Höffe, Hrsg.) München: C. H. Beck.

Holm, S. (2004). Why it is not strongly irrational to have children. *Journal of Medical Ethics*(30), S. 381.

Jonas, H. (1997). Prinzip Verantwortung - Zur Grundlegung einer Zukunftsethik. In A. Krebs (Hrsg.), *Naturethik : Grundtexte zur gegenwärtigen tier- und ökoethischen Diskussion* (S. 165-181). Frankfurt am Main: Suhrkamp.

Nietzsche, F. (1984). *Jenseits von Gut und Böse* (Bd. IT 762). Baden-Baden: Insel Verlag.

Nietzsche, F. (2009). *Vom Nutzen und Nachtheil der Historie für das Leben.* Stuttgart: Reclam.

Overall, C. (2012). *Why Have Children?* Cambridge: MIT Press.

Parfit, D. (1990). Rechte, Interessen und mögliche Menschen. In *Um Leben und Tod : moralische Probleme bei Abtreibung, künstlicher Befruchtung, Euthanasie und Selbstmord* (S. 384-394). Frankfurt am Main: Suhrkamp.

Parfit, D. (1992). *Reasons and Persons.* Oxford: Clarendon Press.

Pearce, D. (2014). *The Hedonistic Imperativ.* Abgerufen am 20. 9 2014 von http://www.hedweb.com/hedethic/tabconhi.htm

Popper, K. R. (1980). *Die offene Gesellschaft und ihre Feinde. 1. Der Zauber Platons.* München: A. Francke.

Rawls, J. (1975). *Eine Theorie der Gerechtigkeit.* Frankfurt am Main: Suhrkamp.

Schopenhauer, A. (2009). *Die Welt als Wille und Vorstellung.* Köln: Anaconda.

Shiffrin, S. V. (1999). Wrongfull Life, Procreative Responsibility, and the Significance of Harm. *Legal Theory*(5), S. 117-148.

Smart, R. N. (Oktober 1958). Negative Utilitarianism. *Mind*, S. 542-543.

Tooley, M. (1990). Abtreibung und Kindstötung. In *Um Leben und Tod : moralische Probleme bei Abtreibung, künstlicher Befruchtung, Euthanasie und Selbstmord* (S. 157-195). Fankfurt am Main: Suhrkamp.

guenthereberhard@gmx.at